POSITIVE MANAGEMENT OF
CHILDREN'S TIME PSYCHOLOGY

正面管理
儿童时间心理学

考 薇◎著

文匯出版社

图书在版编目(CIP)数据

正面管理儿童时间心理学 / 考薇著. — 上海：文汇出版社, 2019.7
ISBN 978-7-5496-2928-2

Ⅰ. ①正… Ⅱ. ①考… Ⅲ. ①时间-管理-儿童教育-家庭教育 Ⅳ. ①C935 ②G78

中国版本图书馆CIP数据核字(2019)第133529号

正面管理儿童时间心理学

著　　者	考　薇
责任编辑	戴　铮
装帧设计	天之赋设计室
出版发行	文匯出版社
	上海市威海路755号
	（邮政编码：200041）
经　　销	全国新华书店
印　　制	三河市龙林印务有限公司
版　　次	2019年7月第1版
印　　次	2019年7月第1次印刷
开　　本	710×1000　1/16
字　　数	153千字
印　　张	15
书　　号	ISBN 978-7-5496-2928-2
定　　价	38.00元

前言

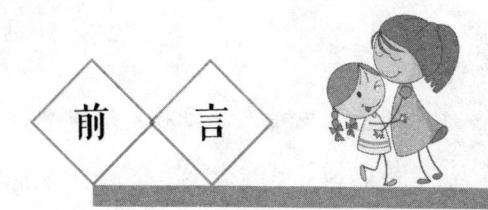

时间管理三步走——越简单往往越有效

我有个朋友想要长知识,买来了全套的双语牛津通识读本,漂亮地码了满满一书架。半年后我去看她,发现那一书架的通识读本,拆开包装者寥寥可数。

"读了吗?"

"没有。"

"不想读了吗?"

"当然想。"

"那怎么……"

"太复杂了。先讲背景,再讲理论,然后是各种列举、对比、分析、论证,怎么就不能像微信公众号那么好读呢?"

朋友的话虽然有点糙,却道出了绝大多数人对"知识"的直观感受:太复杂了,太难了,所以干脆就放弃吧。

即使是成年人,面对复杂的事物也会存在强烈的厌学心理,更何况儿童?自从我出版了《这世上没有与生俱来的优秀》后,很多宝妈读来颇有收获,都留言问我:"这些道理,对我家宝宝也适用吗?"

我肯定地说:"当然适用。"人生的道理是放之四海而皆准的,但是,即使再适用也不一定能够"好用"——刚刚长成心智、对世界充满好奇、宜动不宜静的儿童,真的能像成年人一样思考和做事吗?

当然不能。对于绝大多数儿童来说,太复杂的道理全都是过眼云烟,太难懂的时间管理方法都不过是纸上谈兵。

所以,就诞生了这本以"时间管理三步走"为核心的家教作品。这本书的特点就是——复杂的道理蕴含在简单的操作里,归纳起来只要"三步走"就可以了。

也许会有家长问:"三步就够了吗?管理时间的方法多着呢,道理也有很多,你用'三步'来概括，太草率了吧？"

诚然如此。"三步走"不可能囊括所有高深的理论与方法，也不可能道尽儿童时间管理的所有法门，甚至这本书里也没有罗列一些著名心理学家、教育学家的理论，看起来一点儿都不"高大上"。

但是，静下心来想一想："时间管理一百法"和"时间管理三步走"，你觉得孩子会适用于哪一个？他会愿意配合你操练哪一个？

孩子会说："妈妈，一百个……算了吧。三步走那个……我试试吧。"所以，是选择高深复杂却难以操作的理论，还是选择简单易读易上手的小窍门，这是个取舍问题。

成年人显然是从前者入手更好，但对于儿童，后者才能让他们保持进取、学习和探索的积极性。

有了这三步走，孩子才会有未来的五步走、十步走、百步走，乃至最后的行千里。而孩子最后的千里之行，才是家长最想看到的。

目 录
Contents

第一步
抓住时间的窍门，认识真正的"时间"

△ 你的孩子认识时间吗 \\ 002

△ 时间是个容器——月亮、太阳和指针 \\ 013

△ 时间管理概念知多少 \\ 023

△ 忙啊忙，孩子的时间都去哪儿了 \\ 037

△ 和孩子一起，找出隐藏的时间 \\ 047

第二步

明确管理目的，实行表格式时间管理法

△ 时间如空气，一定要证明价值 \\ 056

△ 明确时间管理的目的 \\ 067

△ 把时间"表"起来 \\ 076

△ 实操练习：你要学会做表格 \\ 091

△ 最短又最难的那些事 \\ 101

第三步

巩固时间训练，别让你的成果一闪即逝

△ 每个人都需要胡萝卜　\\ 120

△ 营造客观的"时间环境"　\\ 127

△ 要大胆地对干扰说"不"　\\ 134

△ 时间重合利用法　\\ 144

△ 时间管理的前提是"花费时间"　\\ 153

心理辅助方法：
父母是孩子的时间标杆

△ 做孩子时间管理的榜样 \\ 166

△ 父母同步时间法 \\ 172

△ 必不可少的亲子环节：任务评价 \\ 181

△ 利用碎片时间，事半功倍 \\ 188

△ 孩子需要"被盯着"和"看不到" \\ 198

△ 在鼓励中巩固时间管理法 \\ 210

附：时间管理小例 \\ 222

第 一 步

抓住时间的窍门，认识真正的"时间"

无论是不会看时钟的孩子，还是已经上学读书的孩子，都不一定认识或者不认识时间，也不一定能够建立正确的时间观。家长需要耐心观察，才能找到孩子在时间认识上的短板，并适当地加以改正。

你的孩子认识时间吗

张爱玲曾经这样比喻一道做得难吃的菜——像没见过鞋子的人做出来的鞋子。任何一个事物，如果没有亲身了解或者体验过，仅凭想象来操作，到最后都会无功而返，最多只能达成"有那么点意思，却不是那么回事"的效果。

同样，许多家长希望孩子能够管理好时间，却从来没有了解孩子是否认识时间。试问，一个根本就不知道什么是"时间"的孩子，在被迫要管理时间时，不就像没见过鞋子的工匠在做鞋吗？

所以，时间管理法第一步的起始，就是要让孩子认识真正的时间。

一、时间是一种观念

从呱呱坠地来到这个世界，每个人对每件事都是从零学起。

回顾我们小时候学习的内容——爸爸妈妈教我们说话，指认太阳与月亮，如何用筷子和用勺子，但在基础学习阶段极少告诉我们："你看，时间飞逝！"

为什么呢？因为在初期学习阶段，我们更容易学习易模仿的、具象的东西。比如学习如何用筷子，可以跟着爸爸妈妈做，一次做不好就再试一次，直到模仿到最像的程度为止。但是，时间这种概念并不能模仿，妈妈做事井井有条，爸爸工作分秒必争，这些会给孩子造成积极的影响，但他依旧不知道时间到底是什么。

那么，要让孩子知道什么是时间，就得从具象的、可模仿的概念开始。

二、一天到底有多长

宝妈李简发现了一个问题，女儿妮妮总是不能按时睡觉，也不能理解为什么要睡觉。当李简拼命地把女儿从一堆玩具前拉开时，妮妮会暴发出如同打雷一样的哭声，她觉得被剥夺了享受快乐生活的权利，她想再玩，一直玩。

"到点了是要睡觉的啊！"李简说。

"为什么要睡觉啊？"妮妮哭着问。

你看，这就是一个常见的矛盾：孩子不知道为什么要睡觉；大人觉得睡觉是自然的事，为什么要解释。

有的家长认为，造成这种矛盾的根源仅仅在于大人比孩子更容易疲劳，更需要休息。小孩子精力旺盛，如果发现有好玩的东西，觉得一天不睡觉也没有什么关系。

但这只是表面原因，大人，尤其是老人，即使到了夜晚不觉得困，到了点他们还是会老老实实地进入睡眠状态。可见，促进睡觉的并不全是疲劳，还有一种是观念。

这种观念就是——旧的一天即将结束了，新的一天就要开始了。

原则上讲，从半夜12点过后，新的一天就已经开始了。但是在传统观念里，我们还是将睡醒之后的早晨作为新一天的开端——我们通过睡眠结束过去的一天，然后通过醒来开启新的工作与生活，这是一种带有强烈时间感的世界观。

妮妮之所以不明白为什么要睡觉，是因为她不知道旧的一天要结束了——在她看来，现在只不过是天黑了，依然可以继续玩。

弄清这一点之后，李简就可以培养妮妮的科学睡眠习惯了。她先向妮妮传授关于"一天"的概念，告诉妮妮：我们的生活是由好多个"一天"组成的，早晨太阳升起就是"一天"的开始，到了夜晚天黑了就是"一天"的结束。而我们为了迎接那些新的"一天"，就要学会有规律地睡觉、起床，再睡觉、再起床。

李简还通过一些漫画书（市面上有诸多辅助睡眠的童书）来指导妮妮认识白天与黑夜，于是慢慢地，到了晚上妮妮再也不哭着问"为什么要睡觉"了，虽然也有满满的不情愿，但她接受了"旧的

第 一 步
抓住时间的窍门，认识真正的"时间"

一天要结束，我得迎接新的一天"这样的现实，然后依依不舍地向自己的玩具告别。

虽然这场告别很艰难，但是妮妮知道：新的一天很快就会来，而这些宝贝还会在原地等着她。

这就是时间观念对孩子人生的第一次塑造。

三、什么是快，什么是慢

生活中，很多孩子根本不知道什么是快，什么是慢。

听到这句话，许多家长都震惊地睁大了眼睛："怎么可能呢？"

当然可能。其实，不光是孩子，如果问一些家长"什么是快，什么是慢"，恐怕我们这些貌似"饱读诗书"的大人也只能支吾着说："快，就是……很快呗。慢，就是……很慢呗。"

在东东妈眼里，东东做事就特别慢——一页纸的描红，一共12个字，东东可以描一个小时。

每次看到东东一边描红，一边东张西望的样子，东东妈就气不打一处来，心情好的时候嘴上说两句，心情不好的时候直接大巴掌就扇了过去。以至于每次描红本一摊开，除东东妈之外，其他亲友都退避三舍。

但是，东东真的是慢性子吗？东东妈有没有考虑过，东东可能

并不觉得自己做得慢呢？

这天，东东妈心情不错，跟东东进行了一次长谈。不谈不知道，一谈吓一跳。在东东眼里，妈妈发火是不可理解的，因为他觉得自己做得一点儿也不慢。

"一小时描12个字，你说慢不慢？"东东妈问。

东东摇摇头："我觉得挺快的，我一直在写呢。"

"你是一直在写吗？你写着写着就走神了，还咬手指头，你看你的手指甲！"

"但我觉得自己挺快的。"

你看，矛盾就出来了。有时候家长单纯地责怪孩子做事慢，甚至归结于孩子慢性子，很蔫，却不知道孩子根本就不知道什么才是快。一味地责怪，却不告诉孩子什么是快、什么是慢，只会让矛盾愈演愈烈，与孩子之间的距离越拉越大。

于是，东东妈采取了这样的手段，请东东的好朋友丁丁来家里一起描红。丁丁在半个小时之内描完了所有的字，东东看到丁丁的描红速度超过了自己，开始有点着急了，也加快了速度。

事后，东东妈再向东东说明"你写字太慢"时，东东果然有所理解，因为有参照，有比对。

因为不能总请丁丁来家里，所以东东妈购买了一个音乐柔和的定时器，每次描红都设定一个时间——这个时间控制在一个宽松的时间范围内，让东东可以并不费力地在可控的时间内完成。之后，再小幅度地缩短时间，东东能够完成后再缩短时间，如此循环。

直到后来，东东可以在20分钟内稳稳地完成描红。这时候，东东妈再向东东解释"以前是不是有点慢"时，东东也能够理解了。

孩子真正了解了什么是快、什么是慢，才会放弃慢的，朝着应该快的方向发展。

四、为什么要快，为什么要慢

然而，不是所有的事情都是越快越好。比如东东的描红，也许有一天东东可以做到5分钟之内描完12个字，但根本起不到练习的效果。

那么，新的问题出现了：到底什么时候应该快，什么时候应该慢呢？

自从提升了描红速度后，东东越来越求快了，穿衣也求快，洗漱也求快，吃饭也求快，写作业更求快。每次求快后，东东都仰起小脸骄傲地说："妈妈你看，我又快了很多，是不是很棒！"

此时，东东妈看着扣错了的纽扣、嘴角还挂着牙膏的儿子，真是哭笑不得。

让孩子管理时间，并不是一味求快。让孩子认清快慢，不是为了让他们一路狂奔不知休息、不知松缓。

东东妈遇到了新的难题：如何让孩子知道什么时候应该快，什么时候应该慢。

上班的时候，东东妈和东东爸都是急匆匆的，恨不得多生出几只手来，对此东东非常赞同。但到了下班，东东妈和东东爸的做事速度明显慢下来，吃完饭也不立即收拾厨房，倒在沙发上看电视，即使倒一杯水也是慢吞吞的，仿佛《疯狂动物城》里的那位"闪电"。东东就不理解了："妈妈，你看你多慢！"

东东妈意识到，有必要向孩子解释自己的快与慢了。她说："早晨妈妈要上班，动作慢了就会迟到，迟到了要扣奖金，所以得快点，你知道不？"

"那晚上呢？"

"晚上妈妈不着急了，在家就是要放松，所以干什么都可以慢点了，知道不？"

东东点点头，貌似知道了。

过了几天，东东的思维又混乱了。因为有次东东妈带着东东加班，恰好没有什么急着要处理的事，东东妈就慢吞吞地整理着资料，一边整理一边跟东东聊天。东东急了："妈妈，你不是在上班吗？为什么这么慢？"

你看，这要怎么解释？

可见，光有具象的比喻是不够的。在孩子的世界里，事例过于丰富，举例不能够说完所有现象，所以还需要一定的归纳。

思考了一番，东东妈是这样跟东东说的："妈妈做的事情要快还是慢，得看结果。结果如果急，妈妈就得急，结果如果不急，妈妈就可以慢。比如妈妈的上班打卡时间在一小时以后，妈妈如果不着急就迟到了，这就得快。刚刚妈妈整理这份文件，公司要得不急，妈妈也想放松一下，就可以做得慢一些。"

"可我描红没有结果啊，为什么也要快？"你看，孩子总是会问出这么不好回答的问题。

好在东东妈的反应也快，她想了想说："事情的结果呢，有一些是别人要求你的，有一些是你自己要求自己的。妈妈上班，是公司老板要求的，要快。而你描红呢，虽然没有老师等着要结果，但你是不是应该给自己一个要求啊？比如你是不是想越写越好，想不想快点学成？如果有这个要求，你就得快点写，控制自己的速度。"

虽然道理听起来复杂，但绝不能低估孩子的理解能力。一个定义抛出后，虽然超出了孩子可以接受的范围，他们依旧可以在日常的操作学习中体会到这一定义的真正内涵。

后来，东东妈急匆匆地穿衣洗漱时，东东穿衣洗漱的速度也会增快；东东妈悠闲地散步时，东东也会跟着慢慢地走。你看，时间观念就是在这种模仿与信任当中慢慢形成了。

五、孩子可以成为你的时间小助手

李简开始教妮妮认识钟表与时间。作为一个聪明的女孩子，妮妮有非常强大的记忆力，也乐于在认识太阳和月亮之外学习一些更

科学的认识时间的方法。

但令李简泄气的是，即使妮妮学会了认识钟表盘上的时间，她依旧不知道如何去使用时间。对于妮妮来说，所谓的"8点钟要睡觉"，远不如"等爸爸洗完了碗，我可能就要睡觉了"更有效。

"这可怎么办？"李简发出了疑问。

其实，李简的问题具有相当的共性。很多家长都发现，教孩子了解时间，比教会孩子使用筷子要难得多。有的家长归结于"时间这个概念更难、更抽象，也更形而上"，但实际上并没有我们想的那么复杂——很多时候，孩子不习惯采用正确的时间单位，只是因为他们缺少练习。

回顾我们高中时候学的那些复杂的数学公式，你现在还记得吗？我想，除了少数从事数学行业的成年人之外，绝大多数人都不记得了。并不是当初没有学会，而是因为随着时间的推移，练习得越来越少也就忘记了。

对于孩子来说也是如此。学会了用筷子之后，他们每天都在用那双带着辅助把手的小筷子吃饭，但是时间呢？

由于绝大多数家长都有"催促"的习惯，在每个时间节点像闹钟一样提醒孩子"要吃饭了""要睡觉了""要上学了"，所以他们刚刚学会的或者刚刚在脑海里形成印象的一些观念，因为不能练习而渐渐淡化。

想要改变这一问题，有个极好的办法——让孩子成为你的时间助手。

第一步
抓住时间的窍门，认识真正的"时间"

李简试着让妮妮提醒她。下班之后，李简会对妮妮说："妈妈好忙的，现在要进屋去工作一会儿，但是你也想和妈妈一起玩，对吗？那么，你能不能在7点钟的时候提醒一下妈妈，妈妈就会从书房出来陪你玩了。"

对此，妮妮非常乐意，甚至可以说是期待至极。到点了，她及时拍了妈妈的门。事后据李简的先生说，孩子几乎就坐在钟表下等着那个时间的到来，其间，她多次站起来准备"耍赖式"拍门，最后还是克制住了自己。

第二天，李简又一次对妮妮提出要求，希望妮妮可以在7点30分提醒她去炖银耳汤。这次的任务与上次的任务相比，更具有挑战性：一方面因为，时间的认知比昨天更难——涉及到非整数时间；另一方面则是因为，昨天提醒的事项对妮妮本人有利，而今天的事项纯粹是利大家的。

令人兴奋的是，到了7点30分，妮妮还是拍响了妈妈的门。李简再一次尝到了甜头，开始加大对妮妮这一方面的培养力度——不仅每天妮妮都会得到一个提醒任务，到了周末还会有连环任务，比如提醒妈妈在上午10点钟泡发木耳，11点钟的时候提醒妈妈木耳泡发好了。

这些令成年人头疼的小工作，却是孩子的小蜜糖。李简在妮妮身上看到了前所未有的成就感，妮妮对任务也倾注了比玩乐更多的兴趣。

慢慢地，妮妮对时间观念的掌握越来越熟练。随着提醒任务的增多，妮妮不仅可以熟练地使用钟表，还能够模仿妈妈的作息时间来调整自己的作息时间。比如，在泡发木耳的时间里，她决定读完一本童话书；等木耳泡好了，她决定跟着妈妈去厨房帮忙。

孩子健康的时间观念，终于在一次次的任务中完成，而这一切，远比打骂孩子、催逼孩子要好得多。

总体来说，想让孩子管理好时间，必须要先认识时间，而认识时间，绝不是看看钟表那么简单。

有些家长以为自己的孩子已经上了小学，肯定认识时间，其实并不如此。

无论是不会看时钟的孩子，还是已经上学读书的孩子，都不一定认识或者不认识时间，也不一定能够建立正确的时间观。家长需要耐心观察，才能找到孩子在时间认识上的短板，并适当地加以指导。

时间是个容器——月亮、太阳和指针

前几天我看过这么一个故事,故事虽小却意味深长。

小汤和小晋两名同学一同参加考试,考试时间是60分钟。平日里,两个孩子的学习能力基本相近,落笔速度也差不多,但在考试中小晋经常出现答不完卷子的情况。

老师对这两名同学进行了观察,发现他们都有在考试中玩一会儿的现象——虽然说出来让家长很伤心,但不得不说的是,孩子对待考试并不像大人那么认真,在考场上答了一半的题,然后突然玩起了橡皮是一件再普通不过的事情。回顾我们的童年时代,这样的情况都有发生过。

在小汤和小晋身上,这种区别在于,小汤玩一会儿之后会看看手表,意识到时间不够了,马上继续答题。小晋会在看看手表之后继续玩,直到考试时间快要结束了才开始"奋笔疾书"。

为什么会出现这样的问题?小汤和小晋的班主任,也是我的好友沈老师对此有所疑惑。考试后,沈老师特意找小晋谈话,问他为

什么不快点答题。小晋的回答很真诚："我以为来得及，结果却发现来不及了。"

面对这样的答案，很多家长采取的方法就是拉过孩子来一顿教训，大谈："考试是让你玩的时间吗？""橡皮什么时候不能玩，非得考试的时候玩？"或者上升到："你就是没有时间观念，才会一直玩。"

面对这样粗暴的指责，孩子听进去了还好，听不进去只会对下一次考试产生强烈的抗拒心理。

沈老师采取的方法是——再观察一次。

又一次考试，小汤和小晋重复了上一次的情况，小晋又险些没有答完题。沈老师很无奈地经过小晋的桌前，这个时候她发现，小汤和小晋并不是样样相同的，至少有一点不同——手表。

班里没有配统一的钟表，考试的时候都要求孩子自带手表来控制时间。小汤戴的是指针式石英表，而小晋戴的是只显示数字的电子表。

也许，这就是问题的关键所在。

课后，沈老师把小晋叫到办公室，再一次询问了考试的情况。小晋的回答依旧很老实："我觉得来得及啊。"

沈老师从抽屉里拿出一块石英表，说："下午你试试这个吧。"

下午，小晋戴着沈老师给的指针式石英表考试，令人吃惊的是，他在考试时间内答完了卷子。

诚然，这里有考试题目难易等客观因素的影响，但不能不承认的是，石英表也在其中发挥了巨大的作用。虽然都有手表，但小晋的手表不够具象，不能对小晋产生实质的"刺激"作用——表盘跑一圈，卷子就要答完——这是指针式石英表给孩子的具象体验。

小汤在走神之后发现手表指针已经跑了半圈，立即产生了紧迫感，开始埋头答题。而小晋的手表只是机械地显示数字，并没有起到刺激作用，因此他失去了紧迫感和警惕性，又多玩了一会儿。

从那之后，沈老师鼓励班里的孩子在考试时尽量都戴着指针式石英表，并在教室里配备了一个指针式的挂钟。上课的时候，孩子抬起头就能看到指针的运动，感觉到时间的飞逝，从而急忙把走神的心收回来，投入到课堂学习中去。

孩子的世界往往就是这么微妙，因为对生命的了解还不够深入，所以一些小的因素就会影响他们的决定。他们做不到无坚不摧，也做不到坚守不动，能够影响和带动他们的，往往就是一些容易理解的、具象的东西。

而我们大人能做的，就是让正面和积极的力量更加凸现。

一、具象的力量

正如我们在第一节文中所述，孩子更容易学习一些易模仿的、具象的东西。所以，在初期的"认识时间"环节里，与其让孩子

认识"24小时",不如先认识"太阳升起来,月亮升起来"等具象的元素。

不过,对于太阳、月亮的认识,家长往往有话要说。在人类文明还不够发达的时候,原始人类只能用太阳和月亮来计时,也就诞生了日晷等计时工具。但是,为什么如今日晷被淘汰了呢?因为不精确!所以,很多家长都不赞成用太阳和月亮作为孩子时间观念培养的辅助工具。

实际上,家长大可不必纠结精确度,有时候"不精确"还能成为一个促进时间感的好帮手。我们都知道,太阳升起和落下的时间是不固定的,夏至时太阳直射北回归线,这天白天最长,夜晚最短;到了冬至,太阳直射南回归线,这天白天最短,夜晚最长。

曾有一个朋友,从元旦那一天起,鼓励他的孩子记录太阳落山的大致时间,记在一个印着太阳公公笑容的红色本子上。虽然孩子不可能做到天天记录——存在着遗漏记录、未出太阳、错过记录时间等诸多问题,但一年下来总体上也记录了近200天。

在这200天里,孩子深切地意识到了自然的神奇,也加深了对时间的理解。我认为,这是一个非常科学而美好的教育方法,操作起来难度也不大,鼓励大家实践一下。

第 一 步
抓住时间的窍门，认识真正的"时间"

二、时间是个容器

其实，时间不仅是一种节点式的观念，还是一种阶段性的观念。这话有点抽象，可能不容易理解，但是举个例子就会明白了——时间不是你几点在等着我，它还包括了你等我的那段时间。

很多孩子认识了钟表，也知道了 24 小时计时法，却不知"光阴"为何物。许多家长都会在孩子的墙上装裱一些"一日难再晨""光阴似箭"等劝勉珍惜时间的话，如果孩子不理解"光阴"的概念，又怎么去珍惜呢？

这就需要一种想象的空白了。

想要孩子对时间形成段落性的概念，一个很好的方法就是利用计时器，诸如沙漏，漏一次是 10 分钟，那就可以在观察沙漏的过程当中，让孩子切身体会到 10 分钟的概念。

不过，这种体会偏于机械，坐不住的孩子可能在沙漏下落到一半的时候就跑掉了，那么，可以换种更有趣的"计时器"，比如烤箱。准备一盘鸡翅，调定 20 分钟的烘烤时间，在这 20 分钟里，让孩子和家长一起等。香味渐渐从烤箱中飘出来，在等待的这段时间里，孩子内心喜悦，也会对 20 分钟更有体会。

想象的空白非常重要，重要到反而令太多人忽略了它——就像死亡是人生的一件大事，因为太重要了，很多人都不会考虑自己的

死亡。这个话题过于沉重，但道理却永远是深刻的。

一个对时间没有想象力的孩子，注定无法管理好时间，也无法成为一个有成就的人。

试着在孩子放学的路上给他打电话，问他走到哪里了。他可能会说："刚下校车，正在往家走。"这时候，你不要估计孩子到家的时间，而是问他："你大约有多久能走到家？"

这个问题看似简单，实际却蕴含了孩子对时间想象力的塑造培养。头几次，孩子对时间的估计都会有误差，比如多说了10分钟，或者少说了10分钟。但这些都不重要，重要的是，他会在一次次的估计里修正自己对时间的想象力，直到有一天，他可以精确地说出自己从学校到家的时间。

如果孩子太小还没有上学，那也不用担心，依旧可以培养他的时间想象力。比如，让孩子把地上的玩具收拾到桶里，看看需要多少时间，这都是一种锻炼。

无论怎样做，最重要的是让孩子通过想象加深对时间维度的理解，让他知道时间不是一个点，也不是一条线，而是一个充满包容性、容器式的东西，在这个"容器"里，我们可以做很多事。

这才是管理时间的真正意义。

三、过去、现在与将来

很少有家长会与孩子谈论过去、现在与将来,因为孩子还小,他的过去很短暂,且没有留下什么记忆。而他的未来太遥远,又不知如何去谈论。

但是,过去、现在与将来是孩子对时间认知的又一次提高,如果不能了解时间的延续性,时间观将是残缺的。因此,家长平时与孩子聊天时,一定要少讲"你看别人家孩子怎么怎么乖"这类没有意义的话,而多谈一谈"爸爸小时候怎么怎么样""妈妈小时候怎么怎么样",孩子会在心里突然产生一种奇特的想法:"原来爸爸妈妈也有小时候。"

真的,虽然每个人都有小时候,孩子也知道如此,但是对此产生鲜明的意识却很难。一旦产生了这种鲜明的意识,孩子就会紧接着感觉到时间的奇妙。

此外,还要培养孩子对时间变化性的体验。比如,一年前的今天,爸爸给孩子买了一棵茉莉花,今年茉莉花已经长得蛮高了。这时候,家长一定要把握时间延续性的教育,可以对孩子讲:"还记得去年今天吗?咱们有了这棵茉莉花,其间我们努力养它,它开过一次花又谢了,现在又长出花苞了。"此外,还要注意讲未来之类的一些话,比如:"明年的这个时候,估计茉莉花会长得更高,

那时候你也上三年级了,你也更高了。"

有的家长与孩子谈话充满了功利性,认为每天讲的都应该是大道理,比如"及时当勉励,岁月不待人"之类的,却没想过这种教育的有效性。

少年的时候,我们也讨厌大段的说教,即使道理再深再对也听不进去。这就是为什么年少的时候,我们宁愿看苏格拉底的书也不想读黑格尔,并非因为苏格拉底特别高明,而是因为苏格拉底爱讲故事,黑格尔爱讲道理。

有个当幼师的朋友海燕遇到一件有趣的事。小姑娘毛毛进入幼儿园第一天,毛毛妈就拉着海燕的手说:"我家毛毛吃饭特别费劲,有时候喂都喂不进去。现在要上幼儿园,我们都管不到了,老师您可多费心啊!"

当时,刚当幼师没多久的海燕吓得一个激灵,心想,这个孩子吃饭得有多费劲啊,我能应付得来吗?

事实证明,毛毛非常好应付,甚至可以说,毛毛根本没出现过不肯吃饭的现象。每天午饭的时候(幼儿园只给孩子吃早饭、午饭),毛毛两只眼睛都睁得跟铜铃似的,见什么都往嘴里扒拉。

海燕有点诧异——这跟毛毛妈说的一点也不像,并把情况反映给了毛毛妈。毛毛妈也觉得奇怪:"难道幼儿园的饭特别好吃,所以毛毛爱吃?"

直到有一天,毛毛撑得快要吐了,海燕劝道:"毛毛,不用吃

第一步
抓住时间的窍门，认识真正的"时间"

那么多，放学回家了还要吃晚饭的。"毛毛说："不要，我不要在家吃饭。"

海燕意识到了问题所在，后来通过了解才知道，毛毛家有在饭桌上"训话"的习惯——每当毛毛抱起饭碗的时候，毛毛爸妈就开始讲大道理。他们认为这是让孩子学知识、了解人生与社会的最好时机，却不知这些大道理讲起来败坏了毛毛的胃口，让毛毛只能在幼儿园多吃，回家少吃。

听到海燕剖析的问题，毛毛妈也认同，但是她补问了一句："不讲大道理，吃饭的时候我们讲什么呢？"

"不如这样讲……"海燕根据自己切身的体会想了一个话题。当天晚上，毛毛爸有点害羞地指着桌上的猪蹄说："毛毛，一看到猪蹄，我就想起小时候那个穷啊，哪能吃得上猪蹄？当时我看着别人家孩子抱着猪蹄啃，我馋得嘿……"

当天晚上，毛毛吃饭吃得比平时香，尤其是猪蹄，连啃了好几块。吃完了饭，毛毛还不忘多问一句："爸爸，你小时候为什么会没有钱买猪蹄呢？"

你看，大人换了话题，孩子也不抵触吃饭了，而且开始有了时间意识。

一名优秀的家长应该多给孩子讲讲过去与未来，而不是干巴巴地讲"你要珍惜时间""你要珍惜现在的生活"。再多的道理都不如放置在时间的容器里，具象的东西才是最易被孩子所接受的。

所以，多给孩子用具象的方法来"证明时间"，多让孩子有空间去"想象时间"，多使孩子有能力去"思考时间"。一系列的工作看似平淡平凡，却能够起到意想不到的作用。

这也是见证一个优秀人格成长的最大魅力。

时间管理概念知多少

在开篇处我们已提到，本书旨在通过"三步"来实现对儿童的时间管理。

看到这句话的时候，可能有很多家长撕下手边的一张纸，静静地等着记下这三步，然后照搬照抄。但是，直到看到这里，那些急功近利的家长还没有找到真正的第一步，于是嘀咕道："这不是骗人吗？"

对此，我想说："这不是欺骗，而是解读。"

之前曾有这么一个笑话，本科生、硕士生、博士生一齐写论文，题目是《如果做出红烧肉》。本科生的论文开篇即从放油下锅开始，很快就写成了；硕士生则从"如何去菜市场挑一块适合做红烧肉的猪五花"开始，步骤更加复杂；而博士生，他的开篇是写中国人对吃猪肉的文化以及红烧肉的起源。

那么，你觉得哪篇论文会更好看？哪篇论文会更有较？哪篇论

文更能做出好吃的红烧肉？

显然，本科生的论文最好看。因为它简短生动，易于理解，甚至你不需要怎么思考和准备，照着做就行了——无论结果是否失败。

硕士生的论文最易做出好吃的红烧肉。因为这篇论文顾及到了本科生论文所没有涉及的选料问题——试想，如果你挑了一块边角肉，技术再好也烹饪不出美味的菜肴，所以这篇论文对实际操作更有保障。

而博士生的论文乍一看冗长无比，令人没有读下去的意愿，但是从学理角度来看，这篇论文对所有理论都追根溯源，挖掘深意。如果想要学好某个学科，增长某方面知识，这种论文是最能够打下基础的。

以往，我们的时间管理法往往停留在"本科生论文"阶段，重视的是操作，而不是理解。所以，经常听到家长对孩子说"快快快""好好规划时间"等流于表面的话语，却从来没有想过，为什么要"快快快"，或者说怎样才是真正的"快快快"。没有这样的认知概念，就像不知道路在何方而拼命奔跑一样，累得筋疲力尽也只能无功而返。

所以，下大力气、费大心思认识时间概念，是非常有必要的。这就像一篇博士论文，看似无味，深挖深究，可以发现每一次的讨论都是必然的、有理有据的，能够带给我们力量。就如席勒所说："时间的步伐有三种：未来姗姗来迟，现在像箭一样飞逝，过去永远静止不动。"

第一步
抓住时间的窍门，认识真正的"时间"

一、时间管理，说到底是习惯的再塑造

李简决定对女儿妮妮进行时间管理的培养，妮妮也非常配合。但是管理了几天，母女俩都感到疲倦。李简说："每天都像在挣命似的，有个严苛的时间表始终在等着我，稍不留神就错过时间了，稍一放松就来不及了，你说这日子过得什么劲啊！"

连妈妈都觉得受不了，更别提妮妮了。几天的时间管理实施下来，妮妮痛苦无比，起初的热情消失殆尽，还出现了逆反情绪。

为什么会这样呢？这是很多家长共同的疑问。时间管理，应该会让孩子更加高效、更加热爱生活，应该会让家长更加解脱、更加轻松，但现在的情况截然相反。

排除掉任务项目安排不合理、节奏过快等原因，时间管理实施困难的一个重要因素在于——没有形成习惯。

所以，时间管理的本质，其实就是对习惯的再塑造。举例来说，如果你每天晚上都熬夜到零点过后，偶尔有一天需要晚上10点就睡觉，那么这个夜晚会非常痛苦。你会翻来翻去睡不着，同时心里惦记着喜欢的电视剧、好玩的手机游戏，越想越难过，最后生生地熬到习惯性睡觉时间，才在"早知道一直睡不着，还不如玩一会儿再睡"的抱怨里迷迷糊糊地睡去。

如果你每天都有早睡的习惯，那么，当得知需要10点睡觉时并

不会有压力，倒头就睡，非常 easy！

这就是习惯的力量。有时候，做一件事的难与易并不取决于事件本身，而取决于是否有这方面的习惯。早睡不过是诸多习惯中的一例，但足以使一个没有养成良好习惯的人败倒在睡眠线上。

回过头来看李简与妮妮的事例。

虽然李简在培养妮妮的时间管理时综合考虑了很多因素，也得到了妮妮的全身心配合，但是，由于不能够将时间管理的模式与妮妮的习惯结合起来，以至于每一次管理都是强求，每一次时间安排都像是"死命令"，母女二人怎么能不疲倦？

比如，妮妮的时间管理中有这么一条——中午12点吃饭，饭后散步一会儿，1点钟午睡。李简说，这一条实施起来难上加难，每次都以鸡飞狗跳、大人怒孩子哭而告终。后来经过分析发现，妮妮之所以不乐意的原因在于——她中午睡不着，让她放弃窗外明媚的阳光而乖乖地躺在床上睡觉，简直是要了她的命。

对此，我的建议是，干脆取消这一条，不要让妮妮午睡了。

李简对此非常不赞成，她说许多权威刊物都提到，午睡对孩子来说非常重要，可以保障孩子一天的精力，最后还埋怨道："你不让孩子午睡，是因为这不是你的孩子。"

对此我哈哈大笑。其实，午睡到底需要还是不需要，妮妮最有发言权。在一个不想睡觉的时间段里逼着孩子睡觉，带来的绝不是好习惯，而是孩子强烈的逆反心理。我说："李简啊，如果妮妮真的需要这段睡眠,那么在取消午睡后的一段时间,她自己就知道了。"

事实是,取消了这条午睡计划后,妮妮很开心,中午的时间表压力也没有那么大了。更令李简惊喜的是,某天中午妮妮自己爬上了床,说:"妈妈,我有点困了,我睡一会儿。"

不管怎么样,这至少是一个良好习惯的开端,而且是孩子主动发出的。

再看李简时间管理当中的另外一条——晚上8点上床,背古诗一首,然后睡觉。这是妮妮执行最好的一条。

正如之前我所提到的,妮妮是一个精力特别旺盛的孩子,非到万不得已绝不睡觉,而且一碰着床精力更好。由于有这样的特性,妮妮睡前背古诗的意愿强、效率高,很快就养成了良好的习惯。

有一次,李简带妮妮去芜湖旅游时,躺在宾馆的大床上,妮妮居然喊了一声:"妈妈,还没背古诗呢!"那一瞬间,孩子她妈差点涕泪横流。

所以,说到底,时间管理就是结合实际情况,运用适当的策略和技术,帮助你尽可能有效地利用时间。它看似复杂,但本质却非常简单——就是对习惯的重塑。

所有不良的时间运用,都是由不良习惯导致的——所谓的"磨叽""拖延",也无非是因为不良习惯。弄清了时间管理的本质,在习惯的培养上多下功夫,可能对于家长来说,这才是协助孩子养成良好习惯的开端。

二、让孩子体会到积压的痛苦

邻居家的明明爸怒吼了一上午,由于墙壁隔音不好且明明爸出身男高音,我和先生都清楚地了解了明明同学被吼的原因——没有完成暑假作业。

提到假期作业,所有人都能够想起那个彩色的大本子,里面有语、数、外、综合常识等,包罗万象,浓缩成一本孩子在假期里看也不想看到的习题精华。

关于这个大本子也有很多说法,比如我当教师的朋友说:"我基本上都不看,真的,没有什么看的必要,但我们一定得让孩子写。所以我想说,孩子们,你们可以草草地做,但不能不交。"

这话虽然粗,但理不粗。

想我当年读书的时候,如果能早点揣摩到老师的这种心理,也不至于在那假期大本上费如此多的心血了。而我先生则对大本子更有心得,他说:"写什么啊,那怎么能写完呢?老师不会仔细看的,顶多就是翻一翻,所以你可以使用'粘页法'——把两到三页粘起来,老师翻的时候就不会发现这几页没写了。"

这个方法简直让我震惊,原来高手果然在民间!

据说粘页法还有很多技巧,比如不能用太多胶水,否则粘接处硬硬的,老师一下子就发现了;比如不能同时粘太多页,否则老师翻几下就翻完了，必然识破奸计；比如不能粘头几页，因为按照大多数人的习惯，头几页还是会好好看的……

好了，言归正传，不能再提粘页法，否则这本书就没有正能量了。但是，通过粘页法等诸多"智慧"的招数，我们不难发现——每个孩子都讨厌写这个假期大本。为什么呢？

我向明明借来他的假期作业，从成年人的角度来看，假期作业是个挺有意思的习题集，不仅难度适中，而且兼顾了多个学科，不至于始终做一门学科而感到厌烦。所以说到底，大家不想做假期作业的真正原因不在大本子身上，而在于"如何"做这本习题集。

据明明爸说，明明在放假第一天就问爸爸："帮我数数假期有多少天。"

"我算算……42天。"

"哦……"明明做沉思状。当时明明爸非常高兴，以为明明终于长大了，居然能够在假期的第一天就对写作业做出科学的规划。

明明爸开始考虑，到底是请儿子吃个必胜客还是吃个汉堡王，然而就在这时，明明说："行，假期的最后两天你提醒我一声，我开始写作业。"

明明爸一下子就火了。

很多家长都有这样的体验。当一个假期与许多作业横亘在面前时，成年人往往会选择有计划地安排这些作业，争取既能玩得好，

也能按时完成作业。但对于孩子来说，他的安排往往是：先玩再说，等到最后几天再突击。

家长担忧这样"突击"出来的作业质量很差，也担心孩子的时间规划能力，所以一场家庭矛盾在所难免。只不过，在家长执着于"棒子炖肉"式教育的同时，有没有想过：为什么孩子的选择和大人的选择不一样呢？

同样一本作业，如果是明明爸来选，他有两种解决方式：

一是利用假期的头一周把作业完成，余下几周就可以开心地玩。

二是把作业平均分配到每一周，这样不会太累，也可以玩。

明明的解决方式是：先玩，最后两天熬夜突击写完。

如果我们把"写作业"等同于"辛苦"，那么，成年人倾向于先经历"辛苦"或者平摊"辛苦"。而儿童倾向于先享乐，直至最终无可奈何的时候再"辛苦"。

导致这种选择偏差的原因也非常简单——因为儿童的人生经历少，所以在他看来，"辛苦"能晚点就晚点。但他却不知道，如果把"辛苦"积累在一起达到一定程度之后，会变成比"辛苦"更可怕的"痛苦"。

我对明明爸说："你以前也不见得比明明好，也一定有把作业压到最后写的习惯。但是后来，总有那么几次熬夜写作业让你觉得难过，或者最终没有完成被老师罚，让你觉得难忘，所以你改掉了这个习惯。再或者说，随着年纪的增长，责任感不断增强，你觉得把没有做完的工作放在一边，本身就让你觉得痛苦，所以宁愿先付出劳动来工作。"

明明爸不停地点头。

"可是，明明缺的就是这种感觉啊，因为他不知道把这些作业积下来是会痛苦的！"

绝大多数的家长都不知道孩子为什么会拖延，以为打孩子几巴掌就会改掉这种拖延。实际上，这种拖延的根源在于——孩子不知道今天的劳动会带来明天的快乐，不知道"明日复明日"之后的积压会造成强烈的伤害。

家长在面对孩子的"拖延性"选择时，要注重灌输这样的概念：做每件事并不是为了眼下，而是为了明天你能体验到更美好的事情。所以，即使今天做的事情非你最想做的事情，但是考虑到今后，还是要付出努力。

至于明明爸的苦恼，我建议他不要干涉明明的突击作业法。明明如今才小学一年级，作业难度系数并不高，是否认真写作业对于成绩的影响也不大，倒不如借这个机会让明明体会一下突击做作业的痛苦，下一次假期时再扭转时间观念，成效会显著得多。

三、被动休息、主动休息和仪式休息

说到痛苦，就不得不提一下休息。

一直以来，在时间管理的范畴里，"休息"这个概念是最易被忽视的。在效率至上的时间管理法当道之时，许多家长忽略了对孩子"休息"能力的培养，而一味地寻求"动起来"。

殊不知，自古以来"动"与"静"就是相对的概念——但凡会"动"的孩子最终都得以"静"作为缓冲，也只有会"静"的孩子才能更好地"动"起来。

那么，到底什么样的休息才是有效的、健康的呢？总体来说，休息分为被动休息、主动休息和仪式性休息三种。

被动休息，说白了就是累了才休息。这是许多儿童面对繁重的时间表时，采取的最不可取的休息方法。写作业直到困得眼皮打架了才睡觉，练钢琴直到双手发麻了才停下，背英语单词直到口干舌燥了才停止……这些都是被动休息的典型表现。

被动休息不仅不利于孩子的身体健康，更不易于他在学习过程中心态的发展。因为一学就不能停下来，非得累了才能休息，所以孩子看到"学习"二字就想到了疲劳，逐渐对学习产生了厌烦的情绪。

主动休息，就是虽然没有太累，但觉得应该休息一下了。与被动休息相比，主动休息是更高一层次的休息模式。与主动休息相类似的模式在生活中很常见，比如我们常听到的说法——不要等渴了才喝水，而是应该喝水的时候就喝水。

身体如此，精神也是如此。在没有累的时候就开始休息，往往比累得不行了才休息所需要的休息时间更少，休息效果也更好，心情好更容易恢复精神。

仪式性休息，这个概念可能较为特殊，但其形式却是人人都遇到过的。从根源上来说，仪式性休息是一种自我激励的方式，真正的意义不在于休息，而在于即将休息的那段工作、学习时间。

我在日常写作中常用仪式性休息的方法来激励自己，比如，告诉自己："写完这一章，就去泡一壶上好的大红袍。"那么，在敲打键盘的时候，我的内心充满了兴奋与动力，工作效率越来越高。而且，当我完成了这一章写作的时候，那一壶香喷喷的茶水能够将自我满足感提高到一个新标准，从而影响我下一阶段的写作。

可能会有家长说，虽然主动休息和仪式性休息很好，但是太浪费时间了。真的是这样吗？我们不如进行一个简单的对比。

一个六年级的同学要进行三个小时（180分钟）的英语学习，有三种休息方式供他选择。

1. 被动休息式

高效学习45分钟（由于课堂时间通常为45分钟，所以儿童的注意力往往形成45分钟的惯性周期。）

疲劳学习45分钟

被动休息15分钟（因为极度疲劳，所以需要的休息时间更多。）

重新进入学习状态15分钟（因为刚才很累，所以，再开始学习后会产生一定的厌学情绪，进入状态需要更多的时间。）

高效学习 45 分钟

再度疲劳学习 15 分钟（二次疲劳学习时间会比上一次更短。）

孩子崩溃了

2. 主动休息式

高效学习 45 分钟

主动休息 10 分钟（此时孩子还能坚持学习，但是采取主动休息法，疲劳状态不深，需要 10 分钟就可以休息好。）

重新进入学习状态 5 分钟（因为不算太累，且是主动休息，所以进入状态相对快一些。）

高效学习 40 分钟（二次进入学习状态后，可以适当地减少学习时间，提前休息。）

主动休息 10 分钟

重新进入学习状态 10 分钟（第三次进入学习状态势必要比头几次更慢一些。）

高效学习 30 分钟

主动休息 10 分钟

重新进入学习状态 10 分钟

高效学习 10 分钟

孩子虽然也有些疲劳，但是总体上这段学习过程是愉快的，也并非不可以继续坚持。

3. 仪式性休息与主动休息相结合

高效学习 45 分钟

主动休息 10 分钟

重新进入学习状态 5 分钟

高效学习 45 分钟

仪式性休息 20 分钟（这 20 分钟内可以吃一些水果，听几首歌。）

高效学习 45 分钟（因为得到了全身心的放松，心情愉快，所以相当于重新学习，可以立即进入高效学习模式——孩子注意力不集中，或者玩得太欢的情况除外。）

主动休息 10 分钟

此时，孩子并不感觉到特别疲劳，而且成就感较高。

通过以上三种休息方式，我们不难看出：被动休息模式下，虽然孩子坐在书桌前的时间拉长了，但效率却大大降低，且极易产生不良情绪。相比之下，主动休息模式更积极、健康，也更有可持续性。而仪式性休息虽然可能造成孩子二次学习不专心的情况，但是对激发孩子的自我满足感、自我预期性有更好的帮助。

也许会有家长说，这毕竟是模拟情况，现实与模拟存在出入。诚然如此，但是结合我们成年人自身的学习、工作情况，难道不正是仪式性休息与主动休息相结合，更能给自己带来工作上的身心愉悦吗？

没有人是学习、工作的机器，一直埋头苦干得出的绝不是最好的成果。所以，家长在为孩子指导时间管理方法时，不要过多地追求"坐在书桌前"这个形式，而要提高"坐在书桌前真的在做事"的效率。

这种效率不仅是通过"动"的元素实现，更是要通过"静"的辅助来巩固，只有这样，才能让孩子真正地认识时间，掌握时间管理的方法，感知管理时间的真谛。

忙啊忙，孩子的时间都去哪儿了

在我撰写《这世上没有与生俱来的优秀》一书时，曾遇到这样一个事例。

一位读者小晴找到我，说她很想进步，也很想变得优秀，但就是没有充足的时间。我问她从事什么工作，她说是公务员；我问她是否有小孩，她说才刚刚结婚；我又问她是否有兼职，她说没有，就是朝九晚五的上下班……

在我看来，小晴简直就是一个行走的"时间空囊"。她的工作、家庭等客观条件极为优厚，给她带来了大量的富余时间，那为什么她会觉得"时间不够用"呢？

小晴说自己每天下班之后都很忙，从来没有闲下来的时候，直到躺在床上的瞬间，才觉得"我终于可以放松一下了"。但被问及都在忙些什么的时候，她干脆答不上来。

这就有点麻烦了。思来想去，我给小晴推荐了一个方法——下班回家后，每过半小时记录一下自己刚刚做了什么，直到睡觉。连

着记录几天，可能就知道自己每天晚上都在做什么了。

事实是，头几天小晴干脆就忘了记录，好几天后终于想起来了这事，当天记下来的事情是这样的：

跟同学视频聊天；

聊完之后上淘宝看同学推荐的防晒霜；

找明天上班想要穿的衣服，翻腾一阵没找到；

发现一件买了还没有剪标签的衣服，拿出来试穿；

然后又搭配别的衣服试穿；

发现自己没有合适的长筒袜，于是上淘宝购买；

发现喜欢的店铺上新了，继续购买；

…………

小晴把这份记录拍照给我看的时候，我是欲哭无泪，她说自己也有同感——因为我们都深切地感觉到：宝贵的时间，在一些无意义的事情上消磨光了。

现在流行一句话，叫作"把生命消磨在有趣的事情上"。但是，小晴用来消磨时间的事情显然并不放松，也没有太大的意义，且这些小事让她感觉到疲倦，最后什么也不想做，躺在床上回想自己的业余生活，一事无成，内心空虚。

同样的情况，也在孩子身上有所体现，甚至体现得更加强烈。因为孩子是自制力不强的一个群体，且缺少足够的时间甄别力、时间概念性，所以更易把时间全都浪费掉。

同事许江的女儿高颖是高一学生，成绩不错，但是许江却忧心忡忡，因为她发现高颖的学习效率越来越低，成绩也有下滑的趋势。

打小高颖就是自觉、听话、不用父母操心的那种孩子，所以当许江对高颖提出要求的时候，高颖委屈极了："妈，我长这么大了，没让你管我也学得很好，现在你怎么不信任我了呢？"

"不是不信任你，只是我觉得你最近拖拖拉拉的，干什么都慢。"

"你看我放学之后闲着了吗？"高颖提高了嗓门。

"我放学之后闲着了吗？"

"我下班之后一直都很忙。"

这两句话虽然出自两个人之口，却有非常微妙的异曲同工之处。无论是上学还是上班，无论是年轻还是年长，这两个人都遇到了同样的问题：我觉得自己已经很努力地在利用时间了，但时间还是不够用，效率还是提高不起来。我想做的事情永远没有时间做，而我宝贵的时间又在不经意间流走了。

所以，现在我们要解决的就是这个问题。

一、你的时间，都被"转移"了

我们先来剖析小晴的事例。

通过小晴寥寥可数的几天记录，不难发现一个问题，她似乎不是很定心。比如，小晴想要寻找第二天要穿的衣服——这是个非常

好的习惯。与其早起在衣柜里纠结，越纠结越心烦，从而影响了一整天的心情，我觉得不如头一天找好次日要穿的衣物，到时不至于手忙脚乱。

尤其是，如果为第二天准备的衣服很好看的话，在睡觉前会有期待感，次日起床时也有"我要去惊艳同事"的动力。

在小晴的事例里，她的"找第二天要穿的衣服"这件事却没有那么成功，因为她找了一会儿，在目标还没有达成的情况下，注意力被另外的事件吸引了，也就是：发现一件买了还没有剪标签的衣服，拿出来试穿。

试穿一下没有剪标签的衣服，力争不让它被浪费掉，这也是一件无可厚非的事情，更何况大家都有这样的经历——买了很多衣服却没有机会穿，放在衣柜里徒然心烦，不如早点拿出来试穿或者丢掉。但是，小晴的试穿却不是那么正能量，试穿之后她发现这件衣服需要搭配，然后又搭配别的衣服试穿。

看到这里，可能有读者已经明白了，小晴的注意力已经两次被转移了。第一次是发现未剪标签的衣服，第二次是决定搭配别的衣服。但是注意力的转移是一个连锁反应，不会轻易中断，于是小晴在一次次的试穿（这种试穿非常耽误时间，且时间过去不易自知）后，小晴出现了新的情况——发现自己没有合适的长筒袜，于是上淘宝购买。

这一次的注意力转移就有点可怕了。之前小晴的转移是在同一个领域进行的——试穿衣服的世界里,无论怎么转移都是在准备衣服。但是现在,小晴已经从试衣环节转移到购物环节了,而这个环节将会浪费更多的时间,因为在丰富的网购环境里,注意力会被若干次转移。

果然,小晴还没有买到合适的长筒袜,倒是被淘宝网首页的一些打折消息吸引了,并成功地发现喜欢的店铺上新了,继续购买。

可以想象,那天小晴是在一次次注意力"转移"后,最终在购物中结束了宝贵的时间。当淘宝购买结束之后,小晴躺在床上,觉得身心俱疲,第二天困倦得起不了床,长此以往就造成了一种"天啊,我每天都好忙好累"的错觉,然后不肯再为自己多定目标,多做任何努力了。

注意力"转移",是我们失去时间的一大杀手,无论对成年人还是孩子来说都是如此。如果是一个自制力强一些的成年人,可能会在第一次转移当中就想起:"我一开始想干什么来着?"然后回归到最初的目标。但如果是孩子,就很容易多次被转移。

如何对待这种转移是一个难题,但并非不可克服。总体来说,转移需要秉承一个观点——可以做,但不可以现在做。

如何理解这句话呢?好莱坞著名的剧作家悉德·菲尔德在其剧本写作教程中曾提到这样的事例:有些人终于找到了好时机,坐下来准备写剧本了。当刚刚动笔到关键部分时,脑海里突然涌出一个新的灵感。这个灵感会撩拨得他心神不宁,好像如果不写,就会与

奥斯卡的最佳编剧奖失之交臂，于是他就停下了正在撰写的这部剧本，转头从新的灵感入手。

然而，新的灵感还没有写多少（毕竟这个灵感的构思还不够成熟），所以他很快被卡住了。这时候可能会出现另外的灵感，而这个灵感看似跟上一个同样好，于是又停下来了……最终，一个一个的灵感换来换去，什么也没有写成。

悉德·菲尔德要求广大写手对此高度警惕，在下手写一部剧本的时候，即使脑海中的灵感再好，也不要"见异思迁"。如果觉得这个灵感实在好，就动手把它记录下来，然后再次回归到最初的剧本写作中。

悉德·菲尔德的理论绝对适用于绝大多数的工作，也适用于孩子的时间管理。要注意，当你集中做一件事情的时候，无论想到了什么，都尽量把这个事情做完，再开始做第二件事——这种做法，可以保证你不会在诸多事务中"兜圈子"，最终浪费了时间却一事无成。

反观悉德·菲尔德提出的这种"转移"，对比小晴的事例，我们不难发现：转移还分为不同类型，而跨领域式的转移最为可怕。比如，小晴已经从最初的试衣服行为，转移到了淘宝购物的行为。

人类都有趋利避害的本能，所以往往会从难做的事情上，经过一系列自觉或不自觉的转移，最终停留在最容易做的、最乐意做的事情上——比如网购。

再比如，小朋友会在写作业的时候突然发现铅笔没有削好，于是转头削铅笔，削了一半发现笔袋上有一点污渍，于是用橡皮来擦，擦着擦着发现新买的橡皮又香又软，于是写作业的时间停留在了玩橡皮这个环节上。

所以，为了防止这种转移的发生，一定要让孩子牢记："可以做，但不可以现在做。"如果写作业的时候，想起明天要带的课本没有带，那么不要立即站起来找课本，而是记录下来，一会儿再找，先把手头的作业写好；如果发现铅笔没有削好，而没有铅笔又不能继续完成手头的作业，那么可以去削铅笔，在削完的那个时刻告诉自己："快点回归到写作业上来。"凭借这一句简单的话，时间利用的效率就会高很多，许多被转移的时间也会慢慢找回来。

二、你的时间，都被"抖"走了

愉快的时间，总是很短暂。这句话在一些联欢会主持词里经常出现，虽然土气，但却是事实，因为我们也都有过这样的体验。

曾经我每天要坐45分钟的地铁上班，如果这45分钟里我在读一本很晦涩的书，就会觉得度"时"如年；如果我在看有趣的视频，可能还没等到过瘾就得下车了。所以，时间往往就在我们最放松愉快的时候悄悄溜走了，并给我们造成"时间不够用"的假象。

上面提到的我同事许江的女儿高颖，她以前的学习效率很高，成绩也不错，可为什么到了高中阶段就下降了呢？许江通过观察发现，高颖自从有了智能手机之后，每天放学都要先玩一会儿手机再开始学习。

许江认为这无可厚非，毕竟孩子的学习压力大，玩一会儿不是什么大事，就连自己也要先玩会儿手机再做晚饭。更何况，关于这个问题许江与女儿交流过，高颖明确答复："我心里有数，所以只玩一会儿。"

"我相信女儿的自制力，也相信她只玩一会儿就会收了手机。但是，后来我发现她一玩就是两个小时左右！"许江说这话的时候有些痛心疾首。

我能体会到许江的心情，并劝她不要生气。因为在高颖看来，两个小时就是"一会儿"，这并不是孩子对时间的概念有问题，而是因为玩的时间过去得非常快，往往是："我觉得自己还没怎么玩，怎么时间就到了呢？"

你看，当时下"抖音""快手"等各类娱乐性 app 大行其道的时候，时间也赶了一个时髦，在你的笑声里"抖"没了。

结合刚才小晴网购至半夜的例子，我们虽不能责难技术的发展，却也不得不承认：科技让时间更快地消失了。但是，现在我们要做的就是不能让时间白白走掉。

面对这样的问题，我劝许江不要阻止孩子玩手机——高中孩子的逆反心理很强，强行没收手机可能会造成恶劣的结果。最好的方

第一步
抓住时间的窍门，认识真正的"时间"

法是，可以要求高颖每次玩手机之前就设置好闹钟，比如说："玩一个小时行不行？"

高颖答："不用那么久，我玩半个小时就行了，我心里有数。"

"我知道你心里有数，但还是设置一下闹钟吧。"

"好。"高颖痛快地打开手机添加了一个闹钟。

结果让高颖大吃一惊又大失所望，原本让她觉得"就行了"的半个小时，居然眨眼似的就飞走了。她很不情愿地放下手机，坐到了书桌边，心里还琢磨着时间怎么过得这么快。

第二天，同样的情况再次出现。几次之后，某天下班，许江发现高颖没有玩手机，就问道："今天怎么没有玩？"

"因为我发现玩手机时间过得太快了。"高颖如实地回答。

那个瞬间，许江激动得快要哭出来了。女儿还是那个乖巧、有自制的好孩子，她曾经在时间管理上出现的一点点偏差，就是在于对时间概念的理解出现了问题，忽略了愉快对时间相对性的影响，现在她已经知道改正了。

所有家长都应该对本人和孩子树立这样的观念：你到底想怎样度过自己的时间，是想让它快点过去没有任何内容呢？还是想让它四平八稳地装满你的努力与梦想？

如果你的选择是前者，那大可不必管理时间，什么开心就做什么好了。但我想，绝大多数人的目标是后者。如果有这样的想法，就要尽量避免一些特别容易"刷"时间的活动。比如，抖音会根据

选择不断推送你感兴趣的内容，从而让你停不下来。如果一定想要玩一下，放松一下（这是必要的，我们在有关"休息"的内容中曾经提到这个问题），那就一定要设置闹钟，玩到这个时间立即停下来，防止时间悄悄流走。

说到底，家长在教育孩子进行时间管理时，不仅要明确概念，更要找出孩子的时间都到哪里去了——是不是被默默地转移了？是不是被愉快的活动偷走了？

找到时间流失的原因，才能找到时间夺回的渠道。在这一点上，家长与孩子需要共同努力。甚至可以说，每个人都要为之努力。

和孩子一起，找出隐藏的时间

说到底，我们做的每次试探、每次努力都是为了能够找到更多的时间，合理利用更多的时光与机会，在同样长度的时间维度中，或者尽快成长，或者享受生活。

所以，在本章即将结束的时候，我们不仅要明确一系列时间的概念——我相信此时大家对时间的概念已经有了新的认识，对时间的理解也有了全新的视角，于是，我们要陪孩子一起找出他的隐藏时间。

一、你的时间被谁藏起来了

什么叫隐藏时间？这听起来像个游戏，却是一个极为严肃的命题。对于每一个人来说，虽然上天都给予了每天24小时的时间，但由于利用的角度和方式不同，很多人把宝贵的时间都藏起来了。

无论是大人还是孩子，在缺少时间的情况下，往往想到的都是抱怨："我怎么这么忙，这么累？"然后，被动地减少自己的学习量、活动量及工作量，很少会想到：是不是有些时间被隐藏起来了？如果能找出它们该有多好。

这一章节，我们要学习的就是如何找到隐藏的时间。总结来说，时间被隐藏的可能性有如下几种：

1. 因为太过轻松而隐藏的时间

我上下班要坐 45 分钟左右的地铁，曾有过这样的经历：如果我在地铁上看视频，尤其是搞笑类的视频，则觉得 45 分钟很快就过去了，甚至有时候会出现"怎么到站了，这个好玩的视频我还没有看完"的感觉；如果我在地铁上做一些逻辑学或者历史学的科研题目，则会不时地抬起头来看站点，心里默默地想："今天的地铁是不是出毛病了，怎么慢成这个样子？"

这种经历每个人都有，过于轻松的事情会让你觉得时间过得特别快，从而出现"时间错乱"的幻觉。

曾经有人提出了一个很严肃的话题："如果你的生命只剩下了一天，你准备做什么？"有人这样回答："我准备帮儿子做数学题，因为我每次做数学题都觉得度日如年。"

2. 因为内容单调而隐藏的时间

如果有三个小时的时间，这绝不算长也不算短，可以分成两种方式来使用。一种是连续三个小时读有趣的书；一种是一小时读有趣的书，一小时看有趣的小短片，半小时做做运动，半小时喝喝香茶静心。

你觉得哪种方式会让人觉得时间更长？显然是后者。

其实，两种方式里的活动都是轻松的，令人乐意参加。但如果将大把时间只用于一件事，往往会产生疲倦感，会有走神、犯困、发呆等一系列的问题，进而快速地消耗掉时间。

如果能够把时间合理地拆分，在一件事情还没有做累的时候就转向于第二件事情，新鲜感和肢体的运动将会冲淡时间的麻木感，从而达到一种"好像拥有了更多时间"的感受。

3. 因为总在等待而失去的时间

关于"等待"这个问题，我的处女座老公很有发言权。

曾有一段时间，我老公每天下午5点到家，负责做晚饭；而我5点半才下班，6点半到家就吃饭。有一次我问他："这一个半小时你都在做什么呢？"他回答说："在做饭啊。"

"那做饭的其他时间呢？"

"……没有其他时间啊，有的话也是在等你吧。"

其实，我替老公计算过，按照他的厨艺，一个小时用于做饭绰绰有余，这样可以多出至少30分钟的时间。但是，回家之后他就给自己定了一个"我要用一个半小时做饭"的目标，时间的用法被大大改变了，这样，许多时间都在等待中度过了。

比如，洗好了菜之后，我老公看了看手表，心想现在炒菜太早了，再过15分钟吧。这15分钟就在等待炒菜的过程中溜走了——当然也不是什么都没做，他可能会拿起手机看看新闻，或者在屋里到处走走。但无论哪一种，因为将时间用于"等待"这个主题，所以无法发挥最大的效用。

通过那次谈话后，我老公树立了正确的时间观，每天到家后就会计算自己做菜需要的时间：今晚只需要30分钟就可以做好菜，那么余下的时间可以安排其他任务了。他的工程师资格证、读完十几本的"二十四史"，都是在这种挤下来的时间里完成的。

4. 因为一心一用而隐藏的时间

做事要一心一意。小时候，这是父母经常教育我们的一句话。这句话绝对没有错，但仅适用于我们生活中的部分时刻。比如考试，确实需要一心一意；比如做高尖端的科研，绝对需要一心一意。但是生活呢？

有时候，生活中的琐事过于一心一意，失去的将是大把大把宝贵的时间。举例来说，吃完烤鸭剩下的鸭架是熟制品，所以你要炖一锅鸭架汤仅需30分钟。在这期间，你需要在厨房里盯着那口汤锅，这在空间上限制了你的行动；同时，这30分钟的时间又不算长，但还是会在这个时间里限制你去做其他事。此时，很多人选择的方法是，干脆举着个手机站在厨房里，等着汤熟。

当汤做好之后，你端着香喷喷的汤碗招呼孩子吃饭。这时候，

第一步
抓住时间的窍门，认识真正的"时间"

你感觉到非常充实，因为你只用 30 分钟就做了一锅这么好喝的汤。但是你绝没有想到，这 30 分钟的时间其实大部分被浪费掉了。

关于这锅汤，我们完全可以用别的方式来炖好它。不，我指的并不是换一口锅，而是换一个炖汤的心态。

我曾结识过一个南方姑娘，特别爱喝汤，她每次炖汤的时候都会举着一本有趣的书，然后踮起脚尖站立在厨房里。

她说："这是我能想到的最好的时间利用方法了。这种有趣的书，我觉得在夜深人静时读太过于浪费时间了，但在炖汤、需要照看汤锅的时候则特别合适；至于踮起脚尖，可以有效地瘦小腿，如果我愿意更进一步的话，还能够贴墙站着治一治我的颈椎。"

你看，是不是觉得你以前用 30 分钟的炖汤时间就是浪费了？

在我们的生活中，不找不知道，一找吓一跳——许多隐藏的时间就在我们的嬉闹当中跑掉了，且一去不回头。当我们回头看看自己的家庭生活方式，再看看我们的孩子在学习时间管理时，就会发现，找到这些隐藏的时间有多么重要。

你虽然不能改变时间的长度，但你可以增加时间的密度。这绝不是一句矫情的话。

二、方法对了，时间就用对了

这时，就会有家长问了："我是大人啊，你讲的道理我都懂，然后我也能够理解，会渐渐学着利用隐藏的时间。但孩子还小，如果我跟他讲：'你虽然不能改变时间的长度，但你可以增加时间的密度。'他只会一脸茫然或者干脆翻一个白眼。"

没错，回到我们本章的主旨上来：孩子对时间的理解往往停留在具象阶段，所以，想要让他找到隐藏的时间，就得有具象的方法。

在这里，我建议大家使用一种游戏的形式——寻"时"奇兵。

每个孩子都有寻找和收集的欲望，这种欲望可以反映在小石头、玻璃球、树叶上，为什么不可以反映到时间上呢？在家长的指导下，孩子可以对自己的时间进行寻找和挖掘。

彤彤上小学四年级了，她觉得自己白天要上学，晚上要练琴，时间真的很不够用。那么，我们是不是可以指导彤彤找出她隐藏的时间呢？

妈妈给彤彤提供了一包生板栗，希望她利用一天的业余时间，尽最大努力把板栗剥完。不过，剥板栗还有要求：上课时间不可以剥；三餐时间不可以剥；午睡时间不可以剥；练琴时间也不可以剥。

听完了妈妈的要求，彤彤尖叫起来："天哪，除了这些时间，

第一步
抓住时间的窍门，认识真正的"时间"

我哪儿还有时间啊！"但是，由于剥板栗只是一个时间游戏，彤彤选择接受下来。

第一天，彤彤剥得很少，她还跟妈妈说："在上课的时候，我差点没有忍住就剥起来了呢。"

随着彤彤带着板栗一起上学的时间越来越长，她剥的板栗也越来越多。这当然有彤彤剥皮更加熟练的原因，同时还有一种时间利用上的原因。

彤彤发现，一天里可以利用的时间有很多——在完成了课业的基础上，她发现课间时间很长，都是跟同学们打打闹闹、望天发呆，这个时间可以利用；放学坐地铁的时间，都是拿妈妈的手机刷抖音、玩游戏，这个时间可以利用；晚上回家的时间也比想象的多，做完了作业、练完了琴，平时坐在沙发上乱按遥控器看动画片，这个时间也可以利用起来。

这时候，妈妈终于揭示了这个剥板栗游戏的主题："彤彤，你看，其实你有那么多的时间可以利用。反过来说，这些用来剥板栗的时间，不是可以做很多事情吗？"

这就是我要向大家介绍的游戏——寻"时"奇兵。

寻找时间并不像大家想象的那么难，也不用通过大量的说教来推进，有时候，一个具象的小物件——板栗，就可以找回我们可利用的时间。如果家长只对孩子说："你看，你利用课间时间也可以做很多事。"难保孩子不会产生逆反心理，但是当他亲手一个一个

剥完板栗后，就会对隐藏的时间有了更深层次的体会。

这就是具象时间的力量。

当然了，也会有一些对孩子过于娇惯的家长说："天啊，这个法子不好，我可不能让我家宝贝剥板栗剥好几天，我平时疼他都疼不过来呢。而且天天剥这个，孩子累坏了咋办？"

诚然，这个寻"时"奇兵的游戏，需要几天甚至一周的时间才能让孩子有所收获，其间也要牺牲不少板栗。但我想说的是：我们今天所浪费掉的时间，都是为了节省明天能够使用的时间。现在你就娇惯着孩子，不让他对时间的感悟做任何尝试，只会浪费越来越多的机会。

所以，寻"时"奇兵做起来，不怕早，只怕来不及。

章后语

我们利用一章的内容，对时间的概念进行了梳理。这是利用时间的重要开端，也是奠定未来每一步努力的基石。在下一章里，我们将推进最重要的一步——如何通过行动利用时间。

请务必在学习掌握好第一章内容的前提下开启下一章，时间管理，其实没有我们想象的那么难。

第二步

明确管理目的，实行表格式时间管理法

儿童时间管理三步走的重点内容不在于教大家做表格的技术，而是教大家如何安排表格的重点，如何选择适合自己的表格，并在其中加入最佳的任务安排。

时间如空气，一定要证明价值

在学习这章内容之前，可以与孩子一起做个小游戏。

空气是不是存在的？当然存在。但我们看不见、摸不到，怎样才能证明它的存在呢？

这时候，小朋友就会想办法了，大多数小朋友会说："如果空气不存在，我们呼吸的是什么呢？我们都没有死掉，说明空气是存在的。"还会有一些小朋友说："有空气啊，刮风的时候，空气就在我们身边飞来飞去的。"也许还会有少数小朋友说："空气是无色透明的，所以无法证明啊。"

小朋友的这些答案都是对的，但是，我们非要"看一看空气"，怎么办呢？

一个很简单的方法就是：找一个不漏气的塑料袋，抖一下，然后扎住口子。这时候，就会看到塑料袋慢慢地鼓起来了，那里面就是空气。

这样，空气就可以看得见、摸得到了。

第二步
明确管理目的，实行表格式时间管理法

这个小游戏算不上十分严谨，却可以给我们一定的启示：时间如空气一样都是无形无色无味的，如何证明它的存在呢？

答案就是：像对待空气一样，把时间用"塑料袋"装起来。而这个辅助我们的"塑料袋"有个新的名字，叫作"表格"。

一、为什么我们需要表格

几乎所有的时间管理法丛书，都会推荐使用表格，这从某种程度上证明了表格的科学性。但是许多人认为：表格是我自己制定的，反正也是我脑子里内容的重现，那我只要随时想着就行了，何必非要做表格呢？

绝非如此。

我们举例来看。比如，今天上午你有几件事情要做：8点送孩子去学校；8点半开始有视频会议，持续到9点半；9点45分左右有邻居家的太太来访，来访期间需要炖上一锅牛肉汤；10点20分左右邻居太太回去了；10点半约好了订课外杂志的人上门送来杂志目录表；看完目录表，确定了要订的杂志；11点再去学校把孩子接回来，11点半开始吃牛肉汤。

对于绝大多数全职、独立带孩子的夫妻来说，这样的时间安排绝不算太满，甚至可以说是家常便饭。看一眼上述的时间安排，似乎没有什么空闲了，所有能用的时间全都用上了，非常完美。

但是，这时候如果有意外情况发生呢？

比如，孩子说，除了牛肉汤还想吃个三明治，这就需要 15 分钟左右的时间才能做好。比如，邻居家的太太晚来了 20 分钟，这样她就会晚走 20 分钟。比如，课外杂志的种类太多，你不知道选哪个好，于是多纠结了一会儿。

那么，这个时间安排就全都乱了，你不知道延后的事情会与接下来哪件事相冲突，你不知道挤在一起的时间会让你错过哪件事。

这时候，我们就需要一个时间表了。把上述内容都放置在一个简单的表格里（如下图），于是所有内容都显得整齐多了，时间的先后和层次也显得更加分明，任何一项提前或者延后都显得一目了然。

时间	内容	其他
8：00—8：30	送孩子去学校	
8：30—9：30	视频会议	
9：45—10：20	邻居太太来访	
10：30—11：00	确定要订购的课外杂志	
11：00—11：30	接孩子回来吃午饭	

同时，我们还会发现，制定了表格之后，你对全天的工作都有了宏观的把握，有了新的内容可以加进去，成为一个新的、更有效的时间表（如下图）。

时间	内容	其他
8:00—8:30	送孩子去学校	路上可以问问孩子的想法，记录下来他想要的课外杂志，留待中午的时候预订。
8:30—9:30	视频会议	这个阶段专心开会，不能被打扰。
9:30—10:20	邻居太太来访	邻居太太迟到了，可能会影响后续的工作。但也没有关系，由于邻里之间很熟，所以可以在厨房里完成交流，聊天之余把牛肉汤炖好，同时制作孩子爱吃的三明治。这期间，还可以向邻居太太索要她的意面酱配方。
10:30—11:00	确定课外杂志目录	邻居太太的迟到，导致课外杂志预订的时间变短了。还好提前跟孩子商量好了他想要的杂志，所以仅用15分钟就搞定了，订杂志的人也很开心。
11:00—11:30	接孩子回来吃午饭	上午好忙，路上经过小花园时，可以一边走一边伸展一下身体，保持良好的状态。

通过对比，表格的好处就凸现出来了。

一是让任务更加清晰。许多人觉得自己的脑子很灵光，所以时间表再满，也能够应付。但这种应付往往是建立在时间表稳定不动

的前提下，一旦出现了变化，就可能会冲乱脑子里的既有印象，从而把所有的事都炖成一锅粥。

二是可以有宏观把握，做每件事都有大局观。在脑子里回想，事项都是线状出现在脑子里的；但使用了表格，当天所有的事项可以立体呈现出来，有助于大局观的建立。比如订课外杂志，如果按照原定的时间表来做，等到杂志工作人员来了再思考订什么杂志，就可能会浪费许多不必要的时间。但是有了时间表，可以让你一大早就看到这项任务，于是早做准备早出效率。

三是可以插入更多事务。生活中，不是所有的事情都需要专心致志，如果每个时间段只能做一件事，那生活既无趣也无效率。表格的好处在于，可以让你加入更多"同时做也很棒"的工作，比如一边与邻居太太聊天一边做饭，完全可以实现。

所以，就像空气需要一个塑料袋一样，我们的时间需要表格才能更加具体化，也更加为我们所实用。

二、我们需要一张什么样的表格

我们需要的表格到底是什么样子的呢？就像上图一样吗？

显然不是，上图只是一个简单的当日事务表，如果想要真正做好时间管理，这样的方法显然是不够的。

对于孩子来说，这个表格就更加特殊，因为他们的思维更加活

第二步
明确管理目的，实行表格式时间管理法

跃，死板的、复杂的表格只会让他们头疼——这种感受，在我们年底看各种数据报表的时候也会浮现出来。

为了让孩子不那么讨厌表格，我们一定要明确自己需要什么样的表格。

1. 以任务为目的

我们还是以刚才的表格为例。这个表格的特点是"流水账"，虽然每件事都记录了，很详细很全面，但是适合大人看不适合儿童——儿童会觉得不知所云："为什么要做这么复杂的事情？"

为了防止这种情况产生，给儿童制定的时间管理表，最好是带有目的性的。比如，莉莉平时要上课，周末要练琴，她本身又不是特别自律，那应该怎样来制定她的时间管理表呢？

通常情况下，妈妈会给莉莉制定这样的表格：

	周一	周二	周三	周四	周五	周六	周日
上午	上课	上课	上课	上课	上课	休息	公园
下午	上课	上课	上课	上课	上课	英语补习	功课补习
晚上	练琴	练琴	数学补习	练琴	练琴	练琴	练琴

好了，大家想想，这个表格是不是似曾相识？

我们或多或少都给自己或者孩子制定过这样的表格——非常清楚，非常简明，但也……非常无趣。我觉得，莉莉小朋友看到这个

表格的时候,内心一定挺崩溃的,因为接下来的一周实在是……不好玩啊!

为什么会出现这样的情况?原因在于:这个表格没有目的。

对于成年人来说,每天的生活有规律,按部就班,实在是很舒服的一件事,甚至是终生追求的一件事。但是对于孩子来说,每天的生活都差不多,恐怕就不那么愉快了。

针对这种情况,我更推荐莉莉的家长给莉莉准备这样一个时间表:

钢琴提升月度计划表 目的:让莉莉小朋友的琴技在一个月之内完成提升			
第一周 目标:完成旧知识《小步舞曲》	第二周 目标:再进一步	第三周 目标:练习喜欢的《献给爱丽丝》	第四周 目标:大满贯
攻克左手跟不上节奏的难关,完成左右手旋律的配合	熟练完成《小步舞曲》,并适当进行舞台表演的训练	完成右手旋律熟练弹奏,并适当加入左手	完成左右手旋律配合;温习《小步舞曲》。在本月最后一天,给爸爸妈妈表演《小步舞曲》与《献给爱丽丝》

这个表格比上一个表格更加简单,但是却更加有效。原因在于,这个表格有明确的目标——所有任务的排列,都是为了能够在一个月之内攻克原来的曲目,发展新的曲目,最后达到可以在爸爸妈妈面前表演的目的。

如果莉莉真是一个爱弹琴的小姑娘，那我相信，她更愿意接受这个《钢琴提升月度计划表》，因为这个表格充满挑战，同时让她的每一次练习都显得那么有意义。

2. 达到图文并茂

去年出版图书的时候，我曾跟编辑聊天，问为什么在内文排版上下那么大的功夫，如果不是翻来覆去地重新排版，我的书早就上市了。

对此，编辑告诉我："内文的版式不好，乍一眼看上去挺不舒服的，谁想要买回去？"

起初我不以为然，觉得内容好就一定有人看。直到我买了几本不同出版社的《大师与玛格丽特》，我才信服了这种说法。同样一本书，内容完全相同，翻译水平也都不相上下，可为什么人民文学出版社 2004 年的那个版本会让我百读不厌呢？

说到底，就是排版、就是美观、就是看起来舒服不舒服的问题。

对表格也是同理。

不是所有的孩子都听话、都顺从、都愿意挑战一个可能会给自己的生活带来压力的表格。在这种情况下，强迫他去接受一个全都是汉字和数字的表格是不人道的，但可以从另外的角度来改善这种情况，比如，图文并茂。

我们都有这样的感觉，记日记或者工作日志的时候，一个旧本子快要用完了，即将换一个新本子，这时候就很兴奋，认真地挑选

喜欢的本子，然后期待早点开始记录。当在新本子上写下第一个字的时候，内心充满了喜悦，头几次的记录也分外认真。

这就是新鲜感的力量。对于儿童来说，如果表格能够带来这种新鲜感，他是不是会更愿意接受？

因此，一个好的表格能够吸引住孩子。要想表格不空洞，可以用一些图片来代替文字，比如周末去动物园，表格上可以不用写"动物园"这三个字，而是画上猴子；比如弹钢琴这项活动安排，表格上可以用贝多芬的头像代替。

如果孩子已经超过这种对图片过分依赖的年龄段，可以尝试用好看的纸张、带荧光的彩笔等制作表格。当孩子能够受到吸引而亲手制作表格，效果将会更好。

3. 充实多种内容

现在以弹钢琴的莉莉为例。莉莉已经有了一个弹钢琴的时间表，但她可能还需要一个全周的整体时间表，那么要怎样制作才好呢？我们来对比一下之前的表格：

	周一	周二	周三	周四	周五	周六	周日
上午	上课	上课	上课	上课	上课	休息	公园
下午	上课	上课	上课	上课	上课	英语补习	功课补习
晚上	练琴	练琴	数学补习	练琴	练琴	练琴	练琴

第二步
明确管理目的，实行表格式时间管理法

这个无聊的表格再一次出现在我们面前，真是不想再多看一眼。但它又是那么规划严谨，让人没法不接受它。

这个时候，就要想个新办法了——充实内容。同样的时间段，同样的任务量，加入不同的、新鲜的内容，可能感受就完全不同。

	周一	周二	周三	周四	周五	周六	周日
上午	上课/午餐带上一盒妈妈卤的牛肉，可以给好朋友吃	上课	上课	上课/今天不用穿校服，新买的裙子可以穿起来	上课	休息	游公园，可以买一束鲜花回家
下午	上课	上课	上课/下午有手工课，我要做十字绣	上课	上课	英语补习/午饭去吃必胜客，很顺路	功课补习/可以看一会儿自己喜欢的电视节目
晚上	练琴	练琴/妈妈常规例会，不会做饭的老爸可能会叫好吃的外卖	数学补习/上课可能好吃的外卖	补习/晚家顺路可以到河城走走	练琴	练琴/周末有焰火活动，先去看花，回家补练琴时间	练琴/晚上有喜欢的诗词节目，可以看半小时

好了，这个表格已经面目全非了——不不不，确切地说，它已经变得不那么像一个死板的表格了。

实际上，莉莉要做的功课、要参加的活动并没有太大的变化，但是现在这样的表格却与之前完全不同了。原因在于：在上课、补习、练琴之间，还有大量新的内容。这些内容似乎都不是大事，不影响主旋律，但是它们的加入会让莉莉每天都有期待。

有期待的表格，有期待的明天，才会让孩子更有动力。而这三条，就是在常规表格之外再做一个优质表格的重要因素。

明确时间管理的目的

通过上文,我们不难发现,虽然人人都知道表格的重要性,但在实际操作中,表格的样式会多种多样化。儿童时间管理三步走的重点内容不在于教大家做表格的技术,而是教大家如何安排表格的重点,如何选择适合自己的表格,并在其中加入最佳的任务安排。

要想做到这一点,首先要明确时间管理的目的。

一、时间管理不是为了让人变得一味忙碌,而是让人更轻松,有时间享受生活

这句话听起来特别鸡汤,但是仔细想想,却是颠扑不破的真理。

我的闺密晓琴,一直很忙很累,前几天因为高压生活而患上了乳腺癌,切除之后虽无大恙,但是肉体上元气大伤。

我为什么要强调晓琴是"肉体上"元气大伤呢?因为自从生病

之后,她的精神反倒振奋了,找到了生活的意义与目标。

以前,晓琴只会一味地忙,给自己以高压、高效的生活。当时她正在给一家新媒体撰写软文——要想把产品的营销内容放进一篇有趣的故事里,这可是个累脑子的活。

所以,晓琴一开始给自己定下的目标是每天写一篇,不过她发现一篇软文的收入很少,只好强迫自己两天写三篇。后来,她写得越来越熟练了,也找到了更好的"抓紧一切时间写作"的方法,于是变成了一天两篇,再后来是一天三篇、一天四篇……在查出乳腺癌的前期,她已经发展为每天写三篇长软文,两篇短软文了。

钱,晓琴确实是赚了不少,人也觉得充实了,但是身体却因为长时间的无休息、无放松而受不了。比疲劳更令人受不了的是她自加的无限压力,我们几个好朋友就曾这样劝过:"你得给自己一个目标上限,不能因为身体适应了高强度的工作,就强迫它去做更高强度的工作啊!"

当时晓琴听不进去,直到生病之后,身体大不如前了,她才突然发现:给自己那么多压力干什么啊?写软文,说到底是为了赚钱,赚了钱是为了有时间去过自己想要的生活,给自己所爱的人以幸福。如果一味地写软文,为了写而写不断加压,不是本末倒置了吗?

不仅在成年人的世界这样,即使在儿童的世界里也是如此。

公司里有一个年轻妈妈,她要求孩子每天背单词,起初是每天5个,完成之后就可以吃水果玩一会儿。后来发现孩子背得不错,

第二步
明确管理目的，实行表格式时间管理法

妈妈就给孩子加到了每天10个单词。孩子撇撇嘴巴，也接受了。

妈妈这下子尝到了甜头，又不断地给孩子施加压力：

既然每天10个单词能够完成，那为什么不试试每天背15个单词呢？

既然每天15个单词也行，索性每天背20个单词吧！

每天20个单词不也没有累死，那每天30个单词肯定没问题！

每天30个单词不算多，天才估计每天能背50个单词吧？加油啊，儿子！

妈妈把单词量加到每天背50个的时候，孩子彻底崩溃了，干脆一个也不背了，回家就是玩。对此妈妈气得直跺脚，处处找人诉苦："这孩子怎么回事啊？以前明明坚持得很好的，现在前功尽弃了！"

我想说，真正令孩子前功尽弃的，正是这位"贪得无厌"的妈妈。如果没有她的一再加压，孩子可能依旧在每天背5个单词的要求里快乐地成长呢。

时间管理，说到底是为了"不那么累"。

如果孩子能够通过优秀的时间管理，把需要两个小时做完的事缩短至一个小时，那么，请不要盲目地在省下的一个小时里加入更多的工作量。这样一来，孩子会觉得非常腻烦——如果我做得快，就要做很多，那我不如慢一点就不会那么辛苦了。这样的思想，不仅孩子有，大人也是有的吧。

有家长会说："本来我家的孩子一天学习6个小时，学会了时

间管理法之后,每天学习只用了4个小时,那省下的两个小时就让他玩吗?如果不能学更多的知识,何必使用时间管理法呢?"

在我看来,如果让孩子用省下的两个小时来玩耍的话,并没有什么不好。一方面,玩耍也是对身体及大脑的双重锻炼,不见得比做作业低一等。另一方面,如果孩子能够在4个小时的学习中穿插两个小时的放松娱乐,那么,这4个小时的学习质量肯定是大有不同的。

健康的身体对于孩子来说有多重要,这不用我说,每个家长都知道。只是,家长虽然心疼孩子,却往往不能理性地对待孩子。比如,有的家长确实知道孩子总在学习不休息是不利于身心健康的,但是为了孩子的出人头地,就是不肯把他从书桌前面放开,让他出去跑跑步、踢踢球。

家长这种功利的社会观,导致一切都向成绩看。只不过,这种教育方式真的有用吗?

去年,我曾给北京一家非常著名的教育机构制作自主招生材料,当时遇到一名成绩很优秀的学生,想要报名北京某一流大学的自招。

在涉及到教师点评的时候,这名学生的家长一定要求老师写上:"孩子学习非常刻苦用功,甚至有严重的颈椎病也坚持学习到深夜。"在其家长看来,孩子拖着病体学习,忍着病痛看书,是值得赞扬的,能够全面展现他的求学精神,也能让自主招生的学校

第二步
明确管理目的，实行表格式时间管理法

看到孩子的毅力。

但是，以旁观者的角度来看，当我面对这个戴着眼镜像酒瓶子底厚的孩子，看到他不断地揉自己的双肩，转动着有颈椎病的脖子，我觉得非常悲哀。我想，自主招生的学校恐怕不会要这个孩子。果然，事后再访时发现，孩子虽然成绩达标，却没有得到自主招生的资格。

所以，我想说的是，家长在给孩子制定时间表的时候，一定要放下功利心，好好想想自己到底是为了什么——是因为自己当初没有考上清华北大，所以希望孩子代替实现？是因为自己买不起豪车别墅，所以希望孩子长大后走明星路去赚钱？

如果是这样的话，建议家长一定要调整心态，因为错误的目的，无法让孩子得到一个健康的、科学的、可持续的时间安排。

最后，再次重复那句话：时间管理不是为了让人变得一味忙碌，而是让人更轻松，有时间享受生活。我们要为孩子做的，就是这样。

二、时间管理，说到底都是精力的管理，所以着眼点应该是精力

此时此刻，一个哲学系的同学对我说："我想，你写的这些时间管理方法是一种悖论。因为时间是客观存在的，不为你的意志而转移，你说你在管理时间，但是你管理得了时间吗？"

虽然同学只是跟我说着玩，但我却认真思考了这段话。确实如此，时间的维度、长短以及流逝方式都不是我们能够决定的，我们说要管理时间，却并不能像管理一群小绵羊一样，决定它们朝哪里走，走得有多快。

说到底，我们所谓的时间管理并不是对时间进行管理，而是在时间的维度内，对我们的精力进行管理。

有的家长会问："管理时间和管理精力，这有什么区别？你别绕圈子啊。"

这可不是绕圈子，管理时间和管理精力的区别很大。如果是管理时间，则人人都相同；如果是管理精力，则要因人而异。

家长经常有这样的感受：这孩子真辛苦，都累成这样了还在努力学习。

有一次在地铁上，我看到一位妈妈逼孩子背古诗。其实那首古诗并不算难，对于一个小学生来说绝对能够在地铁到站之前背下来。但是，这孩子却一次次地背错，记住第一句就忘掉第二句，妈妈提醒了第二句，第一句又不记得了。气得那个妈妈恨不得打孩子几下——当然了，在地铁里打孩子这个举动是不文明的。

这时候，我真想对那位妈妈说："你的教育没有错，但你的孩子已经没有精力了。"

孩子是个非常奇怪的生物，有时候看起来非常有精力，好像玩一天也不累；但有时候困意来了挡都挡不住，一下子就睡着了。为什么会这样呢？因为孩子的认知能力与大人不同，无法用全部的自制力来影响精力，所以对有兴趣的东西他们就有精力，对没兴趣的东西就极易失去精力。

当时，这个妈妈带着孩子从动物园站上的车，应该是在动物园玩了一天。无论孩子在动物园里有多么快乐，上了地铁之后，身边的一切都变得乏味，势必就没有精力了，这时候与其逼孩子背古诗，不如让他睡一会儿，恢复好了精力回家再学习。

如果孩子在地铁上睡不着，就引导孩子去回忆今天都看到了哪些小动物，跟妈妈讲一下游玩的心得。千万别小看这些回忆和讲述，它都是对孩子逻辑能力和语言组织能力的锻炼。

因此，在我们编制时间管理表格时，如果孩子已经很累了，就不要再加任务。但是，也不能完全不加任务——那可能会使孩子走向懈怠。

我们所需要时间表格能实现的是：争取让孩子在这个时间段内不会这么累，尽量完成这个时间段应该完成的任务，并为下一个时间段的任务完成打好基础。

25分钟冲刺法就是一个非常好的例子。

据研究表明，虽然通常情况下课堂学习设计为45分钟，但人的注意力往往只能集中15分钟左右，这个时间还要因人而异。

当孩子进行自主学习时，因为有主观能动性发挥作用，所以可以稍微延长一些注意力集中的时间长度。那么，以通常的30分钟

作为计量单位,合理利用 30 分钟的最好方法就是:学习 25 分钟,再留 5 分钟休息。

家长不妨给孩子试一下,无论是写作业、看书,还是练琴、练字,都可以采取每 25 分钟休息 5 分钟的方式,效果会比持续学习好很多。

这时候,会有家长问:"之前的章节里不是讲过'休息法'了吗?怎么又讲休息?"

不,这次讲的休息与之前的休息出发点不同。之前讲的休息是针对于"奖励"而设,因为每个人都需要一定的奖励,所以孩子需要休息,而且休息时的放松手段也多样化,休息地点应该尽量离开学习区。

这次的休息是针对于"精力",我们要倡导的是孩子"应该在学习多长时间后就休息"这个问题。这需要家长细心观察自己的孩子,找到他的精力点,到底是每过 25 分钟休息就好,还是每过 45 分钟休息才好?在未能确定好这个时间点时,我的建议是 25 分钟为妙。

为什么要这么短的时间呢?也许会有家长说:"孩子总是休息怕收不回心来,倒不如一口气学一个小时,再集中休息 10 分钟算了。"从数字上来看,这似乎是可行的,但是别忘了我们这一节的关键词——精力。

精力并不是完全按照数字来恢复的。25 分钟之后就休息,精力虽然有所损失,但损失不大,很容易恢复。但如果学习了过长的时间，儿童的精力消耗过多，那不是休息 10 分钟就可以解决的了。

　　学习一会儿就休息，孩子便不会有那么大的压力。但是休息也要注意方式，除上文提到的休息时要远离学习区之外，还要注意精神与肉体的双重休息。如果只是呆坐着，或者玩手机，而不是活动肢体，那么，这种休息对精力的恢复往往是无效的。

　　接下来，请家长和小朋友一起做个小练习：

　　把一件平时需要两小时左右完成的任务，分解成 25 分钟冲刺、35 分钟冲刺及 45 分钟冲刺，其间分别休息 5 分钟、10 分钟和 15 分钟，试试感受精力的变化，找到自己的最佳精力分解点。

把时间"表"起来

光说不练是假把式。在学习了关于制作时间表的诸多理论之后,我们需要真正实践,做一个好的表格。

制作表格之前,请先回顾一下我们的学习内容,问问自己:为什么要管理时间?到底准备用什么方式来管理时间?是否决定了为执行表格多花一些时间?当遇到困难与挫折,甚至出现"使用表格比不使用表格麻烦得多"问题时,是否能够和孩子一起坚持下来?

做好心理建设之后,我相信你一定能做得好。那么,我们可以按照如下几个步骤来制作表格。

一、列一份清单,效率会提升 25%

表格是一个容器,目的是能够在有限的时间内把完成的工作汇总"装起来",不仅"装得满",而且还要"排得科学,用着方便"。

第二步
明确管理目的，实行表格式时间管理法

在达到目的前，重要的是知道自己要做什么，也就是需要列一份自己要做的清单。

说到列清单，很多家长可能要跳页了，心想，从小到大我列过无数份清单了，还需要你来教吗？

其实不然。就像我们每个人从小到大都在用筷子，但是你并不一定采取了正确的用筷姿势——你列过的清单再多，只要不科学、不正确，依旧无法发挥一份清单的重要力量。

那么，到底如何做一份正确的清单呢？我想，这里最关键的问题是，如何避免做一份错误的清单。

朋友家的侄子麦麦正在学习时间管理法，他准备制作一个表格，把自己的时间好好地"框"起来。麦麦听从了我的建议，列制了清单，而且绝对量力而行地把任务都"码"进了表格里。

事实是，麦麦制作的时间表并不怎么有用。为什么呢？

麦麦列出来的任务如下：

1.吃饭

2.睡觉

3.学习

4.练琴

5.休息娱乐

非常简明。然后麦麦制作了一个"麦麦的业余时间利用表"：

	周一	周二	周三	周四	周五
5点到6点	吃饭	吃饭	吃饭	吃饭	吃饭
6点到8点	学习	学习	学习	学习	学习
8点到9点	练琴	练琴	练琴	练琴	练琴
9点到10点	休息娱乐	休息娱乐	休息娱乐	休息娱乐	休息娱乐

哈哈！有没有觉得麦麦是个超可爱的孩子？因为这个表格充满了一个孩子单纯的向往，还有小小的心机——希望可以多玩一会儿，所以全部采取整点计时法，让爸爸妈妈不会因为学习时长而讨价还价。

无论这个时间表多么有规律，甚至可以说是太有规律了，但麦麦的执行效果不一定会好，原因非常简单：太粗糙。

我们每个人都有过这样的经历：周末准备做一件事，比如复习资料考公务员，那么，你这一天无论是不是真的坐在书桌前好好学习，到了睡前回顾这一天，都会觉得空虚无比。因为单一庞大的主题使你的行动变得没有指向性，漫无目的就会拖延时间，最后把原本可以过得非常充实的一天都浪费掉了。

如果你今天的目标是：洗完衣服，整理一下书柜，着手上周未完成的工作，做一套郑多燕减肥操并给自己洗个舒服的澡，复习完公务员考试的申论第三章，采购下周需要的食材并做一碗好吃的炸酱面。那么，你将能够在一天当中完成所有的工作，公务员复习这一主题任务也不会被落下。

所以，清单对于制作表格非常重要，它相当于我们烹制一道菜肴时的食材。虽然高手可以把平凡的食物做得很好吃，但使用新鲜的、对口的食材依旧是你胜过别人的重要法宝。

所以，当我们给孩子列一份清单，或者说指导孩子自己列一份清单时，一定要坚持这样一个原则：让清单更容易执行。

什么才叫"容易执行"呢？

一是，列出足够小的事件。

比如麦麦的"练琴"这份清单内容，可以拆解为：练习巴赫三次、复习上周的《献给爱丽丝》两次；比如麦麦的"学习"这个任务，则可以拆解为：完成作业，余下的时间准备好明天要带的书本。

具体的内容当然因人而异，但总体来说，细小的任务比庞大空洞的任务更易完成，也更易给实际操作带来成就感，使自己因为付诸行动而被激励。

二是，理清事物的思路。

之前我有个硕士同学，写论文慢得出奇，而她本人的学习成绩不错，打字速度不慢，平时聊天也口若悬河，绝对是"肚子里有料、舌头上开花"的人，但为什么落实到写论文上就会犯拖延症呢？

后来我发现，当我们每个人都在计划论文时，她的论文任务清单排列有问题。比如，本周她的任务清单是这样的：

周一：写论文，至少1000字

周二：写论文，至少1000字

周三：写论文，至少1000字

周四：写论文，至少1000字

周五：写论文，至少1000字

周六：写论文，至少1000字

周日：写论文，至少1000字

我的天啊！看到这份清单我惊呆了，而同学解释说："我这是强行加压啊，如果不规定字数，我肯定就完成不了论文。"

当然，以任务清单来自我加压也算是正确的做法，但并不是简单地通过这样恐怖的数字罗列方式就可以来加强。如果同学能够以另外一种逻辑方式来拆解任务，做起来就会更加容易，比如：

周一：拟定论文大纲并进行一次修订，发给导师过目

周二：根据导师的回复进一步修订大纲，去图书馆和数据库找到相应资料

周三：动笔，先出前言、摘要，定下开头与结尾的基调

周四：完成第一章

周五：完成第二章

周六：完成第三章

周日：对论文进行全面整理与修改，补充文献

首先，这份任务清单比上一种更令人感到轻松，那一片一片的"1000字"确实太吓人了。更重要的是，这次的任务清单更加有逻辑，理清了处理一个事务的思路，因此更易操作。

对于孩子来说,清单更需如此。如果单纯给孩子一个"学古文"的任务,孩子对着那些"之乎者也"肯定要翻白眼的。家长可以把这项任务拆解成另外一种模式:

1. 通读,读顺读熟

2. 理解每句话的意思,知道每个词的意思

3. 背第一段

4. 背第二段

5. 两段通背,背熟练。

这样的任务清单显然比单纯的"本周要学习古文一篇"要好得多。

三是,在不想行动时,先做简单的事。

列清单时一定要考虑人性,这并不是说清单上要写尽爱恨情仇,而是说,当孩子对即将完成的任务有所抵触时,一定要在清单里有人性的考虑。比如说,麦麦的清单是这样的:

1. 写作业

2. 复习今天的课堂内容

3. 预习明天的内容

4. 练琴,至少每天把曲子弹三次

5. 做运动一套

这份清单对于麦麦来说,一点儿乐趣都没有,完成了清单也没有动力。如果加入了这样的内容:

1. 吃饭

2. 饭后散步

3.散步后吃水果

4.写作业

5.复习今天的课堂内容

6.预习明天的内容

7.练琴,至少每天把曲子弹三次

8.做运动一套

9.休闲娱乐(方式自行选择)

这样的清单显然会让麦麦更易接受。实际上,无论是不是把"吃饭""吃水果"这样的项目写进去,麦麦都要吃饭,也都会因为吃饭而占用时间。那么,为了让清单看起来更舒服,为什么不加入一些让孩子乐于做的内容呢?

还要注意,在加入内容时,先后顺序也有讲究。比如某个周末,麦麦要完成一系列的任务,分别是:

1.写作业

2.约家教老师学习英语

3.做树叶粘贴画

4.练琴

5.出去和小伙伴打球

6.洗澡

按照什么样的顺序来完成这些任务?如果麦麦一起床就发现:自己在吃完早饭后的第一件事就是写作业——啊!好难过啊!

麦麦可能会故意放慢吃饭的时间,饭后不想动弹,默默地希望能够以肚子疼为借口来延后写作业的时间，或者心情低落，总发脾气。这样的现象，对于绝大多数家长来说都不陌生。

如果我们把清单的顺序调整一下，情况可能就会大大不同：

1. 做树叶粘贴画

2. 写作业

3. 约家教老师学习英语

4. 练琴

5. 出去和小伙伴打球

6. 洗澡

把并不难做的"树叶粘贴画"放在任务清单的首位，麦麦会觉得这一天的开始没有那么糟糕，从而起床以及吃早饭的动力也会更足。人就像一辆汽车，从静止到起步的这段是最慢的，一旦跑起来了就会非常顺畅。

当麦麦用半个小时或者一个小时的时间做完粘贴画后，身心已经调整至一个"工作"状态了，这时候再学习、写作业，抵触心就不会那么严重，效率也会提高。

不过，家长需要注意的是，清单顺序的调整还需要科学性。比如，不能把跟小伙伴打球调至第一项任务，因为麦麦打球回来心就"野"了，身体也累了，下一步的学习就很难进行。

二、在清单的基础上做表格

我们之所以讲究怎样做好清单，是因为清单将作为表格的基础。当我们明确了科学制定任务清单的重要性之后，就要在此基础上做表格了。可能有家长会问："清单和表格有什么区别啊？我学了刚才的内容，觉得列清单就够用了啊！"

不，远远不够。表格与清单看似都是工作任务的拆解与安排，实际上却有本质的区别——表格在清单的基础上加入了时间概念，成为一种更加宏观的安排，而清单只是事务的简单罗列，不够立体，也没有可持续性。

这样说可能比较抽象，不易于理解，那也没有关系——当我们开始制作表格时，就能够清楚地感觉到表格比清单"更先进"。

要想做一个科学的表格，我认为有以下几个重要的原则：

一是，确定最主要的任务。

如果一生只剩下 5 分钟，你看重的事就会与平时不一样——这种想法人人都能理解。现在给我们的时间很多，对孩子来说尤其如此，所以很难让每一天都活在"来不及"的状态里。

但是，这种思维方式给我们提供了一个全新的思路，正如李开复所说：要依照"重要性"而不是"紧急性"为事情排序。

一个表格，既然想反映我们对时间的管理和利用，那么就一定要有"主题"，即把最重要的事情反映出来。

以我们上文的麦麦同学为例，即使麦麦把"学习""吃饭""休息"这样的内容拆解开来，他所制作的表格也很难被称作是一个成功的表格，因为这个表格里没有主题。

虽然没有主题的表格也可以使用，但我个人认为，有主题性的表格更能够培养孩子的时间管理能力。关于如何制作主题表格，我们接下来会在实操部分通过一个实例来细说。

二是，展现所有事项，细化行动。

这一点与我们之前提到的任务清单相关内容接近，也就是说，与其给孩子安排一个庞大的、模糊的任务内容，不如通过逻辑把任务细细地拆解成更易做的小事情。

小时候，爸爸给我买了一个很大的航空母舰模型，希望我能够动手拼装起来。我不擅长动手，这个大模型把我给吓坏了，整整一周都没有碰过它，一看到它我就想哭。

后来，爸爸把这个组装模型的任务进行了拆解，给我下达了这样的目标：今天你把这些小桅杆都粘上，好不好？这样的任务让我觉得不是太难，于是就开开心心地做好。第二天，爸爸又会要求我把甲板固定在船身上，这个任务也不难。第三天，爸爸又希望我拼装一个小小的副舱，再后来……

虽然具体的步骤我已经不记得了，但是把大任务的一再拆解使我知道"我能够做什么"，于是也就能"按照我觉得我能做的来做"——航空母舰的模型最终完成了，而且一点儿也不觉得累。

每个孩子都有这样的成长经历，甚至不仅是孩子，我们成年人也是如此。再宏大的任务也可以拆成细小的工作量，只要能够合理地拆解，再一一完成就好了。

不仅对任务有拆解，对任务的完成时间也可以进行拆解。

前段时间，出版社的编辑向我约稿，当时就敲定了写作大纲。原本我是能够在规定的时间内从从容容地完稿，却因为一些私人事件导致一个多月没有写作。

这下子可惨了，面对仅有不到一个月的交稿期，我急得如热锅上的蚂蚁，而写作这种事又是越急越写不出的。

那时候，我的免疫力开始下降，身体出现各种过敏反应，需要服用一些药物才能入眠。就在生活变得一团糟时，我突然静了下来——吃药没有用，发狂也没有用，稿子还是得写，日子还是得过，不如拆分一下，看看余下的时间需要每天写多少字。

把时间拆分后我一算，每天只需要不间断写作6000字就可以完成任务，加上构思与灵感的积累需要，余下的时间虽然不充裕，但足够让我优质地完成书稿。这时我才发现，一个任务往往就像一座黑漆漆的大山横在我们面前，把我们全都吓倒，如果我们能够静下心来找到它的门，一点点地凿开，那它也就没有那么可怕了。

我上文举的两个例子，分别是从逻辑上和时间上对任务进行拆解，大家通过比较就可以发现两种拆解的不同，无论哪一种都是表格内容拆解必不可少的部分。

所以，表格上的任务一定要细化，这种细化最好由孩子亲手完成。因为细化内容的过程也是一个锻炼逻辑及深入、全面了解事物的过程。

此外，家长需要注意的是，细化表格内容与细化任务清单不同，不仅要注意步骤上的细化，还要注意时间上的拆解（见上文两个事例）。

三是，找出每项任务之间的联系，然后再制作表格。

当我们把清单列出来，找到了重要的任务，又已经拆解好任务之后，如何把这些任务放进表格里呢？这也是一门学问。总体上来说，我们要纳入表格的任务有如下几种逻辑关系。

并列关系：任务与任务之间没有必然的关系，谁先谁后都没有关系。比如写语文作业、写数学作业，这些功课同样重要，先做哪个没有本质的区别。

承接关系：任务与任务之间存在时间先后的逻辑，一定要先完成某事才能完成其他事。比如练琴、录制演奏参赛视频——只有把琴练好了、练熟了、有感情投入了，才能录制视频，所以这两件事的先后顺序是不能颠倒的。

互斥关系：这种关系可能相对难以理解一些，因为对于绝大多数孩子来说，不存在"做这件事就一定不能做那件事"这样的任务

关系，却存在"如果做了这件事，那件事可能就做不好"这样的关系。如我们上文举例的"写作业"与"踢球"，固然二者之间并不矛盾，但如果一大早起来就去踢球，接下来因为疲劳就不能安心写作业了。这种互斥并不是绝对的，却对学习心情、学习效率等会造成影响，还是要注意的。

三、好的表格一定以日历表作为基础，一定要有整体的时间概念

到底什么才是好的表格？

关于这点，之前我们已经说了很多，相信很多家长已经跃跃欲试。放心，接下来我们一定有实操的环节，但现在更重要的是进一步明确表格与清单之间的差异——好的表格一定以日历表作为基础，一定要有整体的时间概念。

如果想让孩子在本学期内读完一本名著——以小朋友都喜欢的《鲁滨孙漂流记》为例，家长会采取什么样的方式来劝导孩子呢？

我想，正确的方法肯定是先引起孩子对此书的注意力，比如问孩子这样一个问题："如果咱们俩流落到一个荒岛上，没有其他人，什么吃的也没有，这可怎么办？"当孩子给出解答之后，再引出这本神奇的书。

如果孩子的年龄足够接受文学史的内容，就可以进而讲讲作者

第二步
明确管理目的，实行表格式时间管理法

的经历、这本书给当时社会带来的冲击等。当孩子确实有了兴趣，家长当然要买一本实体书。

注意，与电子书相比，我更推荐实体书。实体书的具象性更有助于培养孩子的阅读，而且翻阅实体书时那种"一页一页读过去，未读的部分越来越少"的感觉也有助于培养孩子对阅读的兴趣和成就感。

在阅读过程中，家长还可以配合给孩子看一些相关电影的图片、插图。当然了，家长一定也要读过这本书，记得其中一些有趣的细节，比如晒葡萄干、做泥罐子等……我相信孩子对这段故事都会感兴趣。

好了，非常完满，太棒了！但是，是不是还忽略了一个问题——孩子大约多久会读完这本书呢？

著名作家龙应台曾写过一本书《孩子你慢慢来》。诚然，做家长的最好不要总逼孩子"快快快"，对速度的过分强调会使孩子对一本好书失去应有的兴趣。但如果不规定一个合理的阅读时间，孩子怀着先天的"喜新厌旧""没有长性"的特质，可能会把书读到一半就置之不理了。请各位家长回顾一下家里的书——我指的是以文字为主的书籍，是不是很多都遭此命运？

这时候，就需要我们给孩子圈定一个合适的时间了。比如告诉他："我想跟你交流一下阅读的心得，你用一个月的时间读完好不好？"孩子可能会痛快地答应下来，但是不是真的能够一个月读完，还是一个未知数。

好了，接下来家长就要用上表格了。这时候做的表格不同于之前的所有表格，它是一个月度的计划，总体的目标是：一个月之内读完《鲁滨孙漂流记》。这本书并不算太厚，可以把一个月拆分成四周，把一本书拆分成四个部分，然后每周读一个部分。如果能读得更快那就更好了，但是不应该比这个速度更慢，因为这绝对是合理的阅读时间，也留下了足够的体验时间。

这就是日历与表格的结合。面对这样的任务，与其按照课程表式的正规表格每天圈定——"8点到9点，读书一小时"，倒不如干脆把这个任务放置于一个时间维度里，变成："希望你一个月读完这本书，但至于每天你用多长时间来读、每天用哪个时间段来读，我不干涉。"这样更易培养孩子的时间观念以及时间管理能力，让孩子尽快把任务与时间这两个概念有机结合起来。

正如我们之前所说：正确的时间观念，就是知道完成一项任务即将花费多长时间，还会余下多少时间，以及如何利用余下的时间。

所以，制作表格绝不是让孩子单纯盯着眼前的那几个框框，机械地完成"今日任务"，再麻木地迎接"明日任务"。这不叫时间管理，这叫作"时间奴役"。

我们希望孩子能够在制表格的过程当中，知道自己现在和未来干什么，甚至能够明白：过去的时间，我有多少浪费了，那么未来，我还有多少时间可以追回来。

第二步
明确管理目的，实行表格式时间管理法

实操练习：你要学会做表格

当我们讲清了所有制作表格的方法之后，接下来就要动手制作一个表格。为了方便讲述制作方法，我们以晓雨同学为例。

初一年级学生晓雨要进行一次研学，主要是关于"微信对学生消费习惯的影响"。这种研学对晓雨的帮助自不用说，但是晓雨平时的课业也很重，业余时间还要学习舞蹈，还要锻炼身体，这可怎么办呢？

这时候，家长不仅要鼓励，更要为晓雨的时间安排助一把力，而这种助力方式，自然就是制作一个优秀的时间管理表格了。

首先，按照我们刚才提到的方式，让晓雨列出一份任务清单。

晓雨构思了一下，业余时间自己要做的事情基本还是有规律的，于是她列出的清单如下：

1. 写作业
2. 练舞

3. 做研学

4. 跟家教老师学英语

列完这份清单之后,晓雨觉得自己看起来太可怜了,又加入了一条"去公园散心"。

看到这样的清单,晓雨妈根据之前学过的清单排列原理,希望晓雨加入一些其他事项——所有能够编排进表格的、占用一定时间才能完成的事项,都可以放进表格里。

晓雨觉得稍有兴趣了,于是清单变成这样:

1. 写作业

2. 练舞

3. 做研学

4. 跟家教老师学英语

5. 吃饭

6. 饭后水果

7. 看电视或者玩手机的休闲时间

8. 读小说时间

9. 去公园散心

显然,这份清单比之前要丰满,看起来也不那么"悲惨"了。但是,晓雨妈知道这还不够,现在最重要的是把这些任务框进一个有时间维度和空间维度的表格里。于是,晓雨以一周时间为例,做了一个周计划表:

第二步
明确管理目的，实行表格式时间管理法

	周一	周二	周三	周四	周五	周六	周日
上午	上课	上课	上课	上课	上课	跟家教老师学英语	去公园散心
下午	上课	上课	上课	上课	上课	做研学	做研学
晚上	吃饭/饭后水果/写作业/做研学/休闲时间	吃饭/饭后水果/写作业/做研学	吃饭/饭后水果/写作业/练舞	吃饭/饭后水果/写作业/做研学	吃饭/饭后水果/写作业/做研学	休闲时间	练舞

看到这个表格，每个人都会觉得头疼，却又不得不承认，在没有正确指导的情况下，孩子做出来的表格往往都是这样的。

总体来说，这个表格有几个突出的问题：

1. 记录了大量没有必要记录的时间。

从周一到周五的白天，晓雨都是在学校中度过的，这段时间不在其可以自由支配的范围内，也没有必要放到表格里来，因为一水儿的"上课"让人感到枯燥乏味。

2. 时间关系不对等，表格的时间维度混乱。

晓雨妈非常好心地给孩子加入了"吃饭""饭后水果""休闲时间"等令人感觉愉快的部分，但这些内容与周末的"跟家教学英语、练舞"等需要利用较长时间的项目完全不对等，会给人一种平时生活特别细化，到了周末却格外粗糙的感觉。

3. 时间分配不合理，研学进度没有被强调。

晓雨是因为要做研学才起意做这个时间表的，但在这张表里，研学的比重并不大，虽然几乎每一天都被强调了，但到底什么时间学、学多长时间、怎么学，都没有提到。

综上，如果晓雨用这样的时间表来推进学习，看似有"表"，实际上还是没有计划和逻辑。时间一长，这张呆板的时间表将会被晓雨厌弃，丢到一边。与其一起丢到一旁的，还有孩子对学习的热情，以及对时间管理的信心。

那么，到底应该怎么办呢？让我们一步步对这个表格进行优化。

第一步，我们应该删减掉不必要的部分。

如上图表格我们看出，周一到周五的白天时间没有必要写在表格里，因此可以删减。但是删减之后，周一到周五可利用的时间长度与周末不对等。在这种情况下，为使表格更加一目了然，我觉得可以使用两个表格。

晓雨的时间利用表（工作日版）					
晚间时间	周一	周二	周三	周四	周五
6：00—7：30	晚饭/饭后水果及散步	晚饭/饭后水果及散步	在外面吃晚饭/步行街闲逛	晚饭/饭后水果及散步	晚饭/饭后水果及散步
7：30—9：00	写作业	写作业	练舞	写作业	写作业

9：00—10：00	研学	研学	写作业	研学	研学
10：00—10：30	休闲及整理入睡	休闲及整理入睡	写作业	休闲及整理入睡	休闲及整理入睡
10：30以后			整理入睡		

晓雨的时间利用表（周末版）			
	周六	周日	备注及其他
上午	跟家教老师学英语	练舞	休闲时间，可根据家庭安排进行调整
下午	做研学	休闲时间	
晚上	完成作业时间	休闲时间	

区分后的表格会呈现这样一种新面貌，虽然算不上是非常好的表格，却比之前那个胡子眉毛一把抓的状态好多了。

通常情况下，孩子会在这个阶段满足，认为有了非常好的时间表可以高枕无忧了。但我认为，这才是管理时间的第一步，迈过了这一步，才能够算得上是一个优秀的时间管理者。

这一步就是：你知道自己为什么做表格吗？

之前我们用那么多的篇幅讲时间的概念、时间管理的意义等，都是为了这一点的到来。我们都知道，晓雨的目标是要做一份研学

报告，这对她来说非常重要，这是她在没有老师监督和带领的条件下，第一次独立进行研学，每一步都需要她自己来安排，每一个时间点都需要她自己来把握，所以……

上述表格其实通通都不合格！

我们之所以费了这么多口舌来讲上述几个表格的做法，是为了让家长了解做一个常规表格的模式，规避可能出现的风险。但是，每个人的特点都不一样，对时间管理的需求也不同，绝不能"一表用到底"。对于晓雨来说，当务之急不是做一概而论的普通表格，而是针对自己的需求，做出专属的研学推进表格。

现在的表格里，关于研学任务只有三个字"做研学"，可是到底怎么做、用多长时间做、花多大精力做，这都是学问。这也就涉及到了我们之前提到的清单拆分和表格任务拆分——你看，学过的知识永远都不会浪费。

于是，晓雨对自己的研学任务开始拆分。根据之前的章节我们知道，因为表格任务要丰富于任务清单，所以在拆分时需要分两步：逻辑拆分和时间拆分。

一、对任务进行逻辑上的拆分

晓雨的研学主题是"微信对学生消费习惯的影响"，在这里涉及到了两个研究对象，一是微信，二是学生的消费习惯。那么，晓

第二步
明确管理目的，实行表格式时间管理法

雨就要学习微信的相关知识，了解学生的消费习惯。所以，晓雨把自己的研学任务先拆出两个部分：

学习和了解微信的相关知识：通过网上查找资料、采访微信相关工作人员来达成。

了解学生的消费习惯：通过对身边同学的问卷调查完成。

拆出的这部分内容是素材整理阶段，相当于我们要做一盘菜之前，要先去菜市场把菜买回来，清洗干净再切好。接下来，我们还要对这道菜进行构思：比如做一盘鸡肉，是红烧还是清蒸？是配笋干还是配青椒土豆？

晓雨顺着这样的思路，给研学任务拆出了第二部分：

拟出研学大纲，提交给学校老师审阅。

大纲只是一个草图，自然会在老师以及家长的指导下进行修改，待修改完成之后就是撰写工作了。下一步，自然就是按部就班地完成研学撰写，最后还要对研学成果进行润色。如果晓雨希望做得更好，还可以在班里召集部分同学开一个小小的"研学讨论会"，在大家的帮助下共同推进这个项目。

小到准备一个果盘，大到写一篇论文，都是能够进行逻辑拆分的任务。这就是对研学任务的逻辑拆分，其实并不难，每个孩子都可以做到。

二、对任务进行时间上的拆分

我们要把时间看作一条"线段",头与尾的两个端点控制了这条线的长度,所以,任务一定要在规定的长度内完成。

切不可把时间看成一条"射线",因为只有开始那一段,结尾却延长得看不到。许多孩子会演化出非常严重的拖延症,都是因为把时间当成射线来使用了。

对于晓雨的研学任务,就要在"线段"内完成。虽然是利用业余时间研学,但一味把时间拉长只会增加对任务的疲劳感和厌倦度,所以,晓雨决定用一个月的时间来完成这次的研学任务。

那么,如何来拆分这项研学任务呢?晓雨决定,把任务分成四个部分。

第一部分是素材整理:耗时指数四星

第二部分是大纲拟写及修改:耗时指数三星

第三部分是撰写全文:耗时指数五星

第四部分是修改完善:耗时指数二星。

通过耗时指数以及可能出现的一些意外情况,比如老师拖后了几天才看大纲、大纲需要修改的部分较大、其间出现生病的情况、想召开研学碰头会但同学没有时间等,于是,晓雨把自己的研学时间大致分为四个阶段。

第二步
明确管理目的，实行表格式时间管理法

第一部分使用时间：6天（需要利用周末时间进行问卷调查）

第二部分使用时间：5天

第三部分使用时间：12天

第四部分使用时间：4天

机动时间：2～3天

这样一来，晓雨对整个任务都有了明确的概念，面对繁杂的研学任务也不会觉得无从下手。最后经过整理，晓雨会发现，自己手头将有一个非常漂亮的表格：

	晓雨的研学进度表			
	第一阶段：6天	第二阶段：5天	第三阶段：12天	第四阶段：4天
目标任务	学习和了解微信的相关知识	发放问卷，了解学生的消费习惯	拟出研学大纲	提交老师审阅	集中精神撰写研学报告	对研学报告进行完善与润色	召开研讨论会

细心的家长可能会发现：即使这样一目了然的表格，也还有进一步细化的可能性。仅以第一阶段的6天为例，还可以制作成一个小的时间管理表，用来安排如下任务：

第一阶段任务分解表（6天时间）	
周二	课余时间请示老师，框定数据，为下一步拟定研学大纲打下数据基础
周三	列出想要调查的问题 根据问题及网上范例，制作一份调查问卷表 做好调查表后微信发送好友给出参考意见，定稿
周四	利用放学时间打印完成所有问卷表 通过网上学习，了解微信的相关运营知识
周五	在课堂上发送调查问卷表 采访邻居（微信员工） 整理完成昨天的学习笔记
周六	采购填写问卷表小礼品（之前问卷是发给同校同学，所以不需要小礼品，同学也会配合。周末调查对象是陌生人，赠送一些小礼品会使调查更加顺利） 在市中心、图书馆等地段发放调查问卷表 回收后整理调查数据
周日	对调查数据、采访笔记进一步整理 得出初步的调查结论

你看，一个看似复杂的任务，经几次拆解就能变成易上手、易操作的小任务集合。这就是时间管理的魅力，它不是让你做事越来越快，而是让你面对任何事情都不再害怕，更不会觉得时间不够用——只要你合理地安排、科学地执行，那么一切问题都能够迎刃而解。

经过实操，你会做表格了吗？

最短又最难的那些事

是不是制成了表格，孩子就一定会时间管理了呢？

并非如此。

正如我们可以给孩子买一架品质优良的钢琴，也可以顺利教会孩子弹一支巴赫之曲，但这一切并不代表孩子能够成为一名优秀的钢琴家。甚至说，即使做到这些，孩子离一名钢琴家的标准还很远很远。

这种距离不在于客观条件，而在于参与者的"内化"——即在完成了外化的表格之后，还要有脱离表格之外的、时刻关注时间安排的内心。内心的感受与制作的表格相辅相成，儿童时间管理的习惯才能一步步奠定。

那么，如何实现这种内化呢？让我们来看一个先进的概念，管理学大师史蒂芬·柯维曾就时间管理提出了"时间矩阵"(Time Matrix) 概念，如下图：

时间管理矩阵图		
	紧急	不紧急
重要	·危机 ·急迫的问题 ·有限期的任务或会议的准备事项	·准备及预防工作 ·计划 ·关系的建立 ·培训，授权，创新
不重要	·干扰，一些电话 ·一些会议 ·一些紧急事件 ·凑热闹的活动	·细琐的工作 ·浪费时间的闲聊 ·无关紧要的信件 ·看太多的电视

在这个矩阵里，史蒂芬·柯维通过象限的方式给所有任务分类，划分的标准就是"紧急"与"重要"。

之前，经常有家长以为"紧急"的事情就"重要"，或者说一件事之所以称为"重要"，就是因为它"紧急"。其实并非如此，通过时间管理矩阵图就能看出，紧急与重要并不能画等号。

为了能够在脑子里形成一个对时间的正确分配管理，我认为一定要理清如下问题。

一、先完成重要而紧急的事情

小峰妈发现儿子小峰格外累，虽然才上小学三年级，但是每天他都会因写作业而熬夜至凌晨，早上起床是顶着两个黑眼圈并且哈

第二步
明确管理目的，实行表格式时间管理法

欠连连。见儿子如此疲惫，小峰妈心疼却没有办法——因为她问过别人家的妈妈，人家的孩子并没有这么累。

难道是小峰太笨了？作为母亲，很难相信自己的儿子不如他人，她更愿意相信孩子是个完美主义者，因为太认真了才会如此辛苦。因此，等到第二天小峰再一次熬夜时，小峰妈说："别写了，咱们睡觉吧！"

"不行，这张卷子必须做完，老师明天要讲的！"小峰喊道。

小峰妈只能看着儿子半睡半醒之间把卷子做完了，她相信这张卷子的质量一定不会高，因为写到最后，小峰实在是太困了，笔迹都飞到格子外面去了。

第三天晚上，小峰又一次熬夜，小峰妈心疼地说："今晚就别熬夜了吧？昨天都已经那么晚了，今天要好好休息。"

"不行啊，这篇课文一定要背的，明天要考试！"

于是，小峰妈只能看着孩子口齿含糊地背着课文，那咿咿呀呀的声音就像老和尚念经，听得小峰妈都打起瞌睡来了。

难道孩子就这样一直累下去吗？小学三年级已经如此，那初中三年级、高中三年级还不得早早累死？小峰妈决定"跟踪"一下小峰的学习轨迹，看看问题到底出在哪里。

这不看不知道，一看吓一跳。小峰妈发现，儿子身上确实存在着很大的时间管理问题。每天回家之后，小峰会在诸多作业当中挑选最不重要的先做，而把非常重要而紧急的——比如必须要完成的

卷子、明天考试的必背内容等放在最后。

因为先做的内容并不重要也不紧急，所以小峰一边做一边玩，效率非常低。等到九十点钟已经困得难受时，恰好轮到了必须做的重要作业，小峰又不能放弃不做，内心惶恐，身体疲惫，效率也就不会高。

你看，就是一个简单的顺序问题，使小峰每天都生活在作业压身的疲惫当中。

这个事例中，有一个易被忽视却极为重要的事实：为什么小峰会先选择不重要又不紧急的事情来做呢？

因为，这样做事情往往更易入手。每个人都知道自己手头有哪些重要及紧急事项，但越是重要和紧急就越是不想触碰，这是畏难情绪在作祟。因此，要想让孩子心甘情愿地做最重要、最紧急的事情，不仅要明确这种做事顺序的重要性，还要学着拆解任务，让孩子知道从哪里入手。

具体拆解方法之前已经细讲过，在此不赘述。

提到小峰的事例，是希望家长都能够重新审视孩子处理事件的顺序，找到其中不合理之处，将重要难做的任务进行拆解，最终形成良好的时间管理与处事习惯。

二、杂事，没有想象的那么难

成年人往往觉得生活很累，可到底累些什么又说不清。这时候，如果能够以第三者的视角来观察生活，就会发现——填满我们生活的，往往不是什么惊天动地的大事，而是一些显不出成果的杂事。

在儿童时间管理的初期，对杂事的处理是非常重要却又极易被忽视的环节。因为很多家长认为，孩子现阶段主要的任务就是开心地玩乐和认真地学习，其他的一概不用管，所以，从来没有教过孩子如何处理杂事。

实际上，每个人的生活都会被杂事包围，完全不用处理杂事的人是不存在的。孩子同样如此，比如，刚上一年级的毛毛，觉得每天都生活得"很烦"，于是这孩子动不动就发脾气，甚至还会摔东西，跟没上小学之前判若两人。

这时候，如果毛毛的父母一味地教训、打骂，只会起到适得其反的作用。家长正确的做法是，看看毛毛到底为什么而烦——如果这种"烦"仅来自于毛毛躁动的内心与不安的性格，那就要严厉地加以改正。

不是这样呢？如果毛毛是因为一些客观条件而"烦"呢？

事实证明,毛毛的"烦"确实来自于后者。每天早晨起床后,毛毛要做的事情特别多:找发夹,挑衣服,翻看书包里的作业本是否带齐,以及给水壶装满水。这些杂事让毛毛觉得心烦意乱。到了晚上,杂事也没有因此而减少,毛毛的书包里有很多废纸片需要整理,需要打电话给同学问作业,还要洗头发、洗脸、洗脚……

毛毛妈没想到这些看似很平常的事情,在孩子心目中却成了"烦"的来源。

成年人因为日积月累地处理这些事务,就将处理杂事当成了习惯的一部分,并拥有了一定的杂事处理经验。但对于儿童来说,他们不具备处理大量杂事的能力,而且还会占用更多的时间,牵涉更多的精力。

这时候,就需要教孩子正确地处理杂事。首先是要把杂事收集起来——毛毛之所以会觉得整个晚上都在做杂事,是因为没有把杂事集中起来做。举例来说,如果毛毛晚上的写作业和自由活动时间是两个小时,毛毛按照自己的方式来分配这段时间:

1. 杂事1:15分钟

2. 写作业:25分钟

3. 想起还有杂事2:10分钟

4. 想起还有杂事3:5分钟

5. 写作业:15分钟

6. 忘了作业内容,打电话问同学:5分钟

7. 玩了一会儿：10分钟

8. 写作业：15分钟

9. 想起还有杂事要处理4：5分钟

10. 写作业：15分钟

毛毛真正有效利用的学习时间只有70分钟，也就是一个小时多一点儿，而且这个时间阶段被不停地打断，导致学习注意力不足，学习效率降低。如果毛毛把这些杂事集中处理起来，会变成：

1. 杂事：30分钟全部完成

2. 学习：90分钟（包括适当的休息）

那么，毛毛会觉得这两个小时得到了完美的利用，也不会总为杂事而烦心。

在生活中，我们常有这样的感觉——杂事做起来并不见得有多难，但如果将杂事置于原处碰也不碰，那么想起来就会觉得心烦。因为杂事有一种"表面膨胀感"，表面上的难度要比实际的内容要夸张得多。

比如，我们洗好了一床的衣服要收纳进柜子里，在没有做之前，你会觉得这一床的衣服简直多得吓人，不知道要花多长时间才能处理完，因此迸发畏难情绪，一再拖延。但如果能够积极地开始收纳就会发现，用不了多久就能把这些衣服全部收好。

这也就解释了为什么要把杂事收集以备集中处理。杂事被搁置所产生的危害远远大于我们的想象，所以应以"一口气做完"为

原则，切忌一会儿做一点儿，给自己造成一种"杂事怎么这么多"的感觉。尤其是儿童，因为涉世不深，会因此而产生极端的厌烦心理。

如果孩子心烦，就尽量减少孩子可能会做的杂事，这可不可行呢？毛毛妈想过：既然孩子不喜欢自己梳头找发夹，也不喜欢自己收拾餐具，那妈妈都代劳了，宝贝不就不烦了吗？

这种想法更不可取。要知道，孩子总是要长大的，而我们今天的所有努力，都是为了孩子明天的长大所做的准备。无论什么时候开始做杂事，孩子都要经历这样一个杂乱的周期，越早经历，对孩子时间管理的能力越有利。

所以，毛毛还是要自己做杂事，慢慢地，她学会了先把杂事集中起来。比如，放学之后她会先把明天要带的水果洗好放进书包里，先挑好明天要穿的衣服和要戴的发夹，全都放在床头……至于总要在中途打电话问同学作业的事，她开始使用"烂笔头"方式，强迫自己把每天要写的作业记在小本子上。再因为妈妈加入了家长微信群，也可以对知晓每天要写的作业起到一定的辅助作用。

概括起来说，杂事并不可怕，可怕的是不会处理杂事。学着收集杂事，将杂事加工成行动，集中起来处理，再适当写下来增加一下成就感，无论大人还是孩子，都会爱上这些构成我们生活大部分的杂事。

三、教孩子用正确的渠道处理事情

上文提到了毛毛给同学打电话问作业的事，这就不得不提一提孩子的沟通问题。

毛毛的同学朵朵也喜欢找同学聊天，但是相比打电话，朵朵更喜欢用微信，所以就出现了这样的情况——朵朵因为问一道数学题，与同学聊天长达一小时之久！

朵朵妈偷偷地翻看女儿的聊天记录，发现女儿真的是只聊数学题目，并没有闲扯别的。对此，朵朵妈觉得女儿不应该接受批评——确实是在学习，真的是在讨论题目。但朵朵妈又敏感地察觉到，这样下去，大量宝贵的时间都被浪费了。

这里就涉及一个"渠道"问题。生活中，每件事都有多种解决的渠道，可以用到多种实施工具，只有选用了最佳渠道和最佳工具的人，才能够走在时间的前列。这是一个非常庞大的命题，可以专门写一本书了，但结合我们目前的篇幅不可能展开来讲，所以，在此我们仅提两件孩子最易犯的渠道选择性小错误。

一是，微信式沟通。

如今微信普及，几乎每个人每天都要与微信打交道，使用时间久了，大家会发现微信明明是方便沟通的，可为什么使用微信沟通

浪费的时间更长了呢？这不仅是因为微信聊天的环境愉快、交流易得，所以聊得比平时多，还因为微信在无形中增加了聊天的"等待成本"。

甲发出一段消息后，乙要先听这段对话，再做出回应。在这段时间里，甲往往无心做其他事，而是专心等待着乙的答复。等到乙的答复到来时，甲要先听或者先看，然后再回复。在此期间，乙也处在等待过程中……

微信沟通使"说"与"听"的时间错位了，与面对面的聊天及打电话等即时沟通不同，微信沟通增加了近一倍的时间成本。这也就是为什么朵朵需要一个小时的时间，来问一道题目的重要原因。

因此，要让孩子在恰当的时候选择恰当的沟通工具。如果是找同学闲聊，发发视频和图片，微信当然是很好的工具。但如果想在有限的时间内解决学习问题，或者讨论重要事宜，一定要选择电话沟通或者面对面沟通等更加直接高效的方式。

选对了方式，时间也就节省了一大半。

二是，在沟通中还要注意一个问题：到底找几个人沟通？

朵朵虽然问问题耽误了大量的时间，但她只集中问一个同学。毛毛则会给一个同学打了电话之后，再找另外一个同学，虽然人多力量大，但有时候多人讨论往往会造成分歧，也浪费了时间成本。

比如说，班里要讨论"元旦布置教室要使用什么材质的拉花"这个问题，可以采取班委集中讨论以及全班统一讨论这两种方式。

两种方式得出来的结论也许一致，但花费的时间成本绝不一致，甚至可以夸张地说，如果全班同学都发表对于拉花的意见，可能整整一天都要用在讨论上。显然，班委集中讨论更高效。

这时候，就会有家长问了：全班讨论虽然浪费时间，但很有必要啊，因为每个人的意见都应该听，所以还是全班讨论更好！

没错，每个人的意见都应在考虑的范围内，但是在涉及时间利用时，许多复杂事件可以采取更好的渠道来解决。如果选择间接渠道来解决这个"人人意见都要听"的方式，可能对时间节省更加有利。

比如，请每个同学写一个小纸条（5分钟即可），上交给班长（5分钟即可）。班长与生活委员对意见进行统计分类（20分钟即可），挑选最集中的5～7种意见（10分钟即可），然后班委再对这几个意见就可行性、性价比等方面进行讨论决定（30分钟即可）。这样，整个事件可以通过较短的时间达到较好的目的。

你看，这就是渠道选择的魅力。

四、学会"利用"他人

每个孩子的成长期都会听到无数童话、寓言，这些故事虽然以小猪、小猫、小狗等为主角，实际上传达的都是家长希望孩子学到做人的道理。在这期间，特别占主流的就是："你要学着勇敢，学

着坚强，学着靠你自己。"很少有家长会大大方方地告诉孩子："你要学着利用他人。"

利用，这个词听起来特别负能量，家长就是这么想的。但如果我们把"利用"看成一种有效的、有限度的求助，就会发现这是一个极好的时间管理方式。

有段时间，我在整理一本图书，既要采编，又要录入，还要编排，每天累得除了枕头六亲不认。即使这样，书稿的进度依然不快，质量也不高。

这时候，出版社有个前辈告诉我——你这么累，为什么不利用一下别人的力量呢？他立即给我安排了一名刚入职的实习生，专门负责录入工作。录入属于机械性工作，虽然辛苦但难度不大，实习生完全可以操作，立即减轻了我很大部分的负担，我得到了更多的休息时间，顿时觉得睡眠好了，文稿质量也提高了。

还不止这些，很快前辈又发现：我将大量本可以用来写出美文的时间投入到美编当中，而我编排出来的版式不专业又不好看，于是她立即拨了一名专业美编给我。对方看了看我的文稿，表示了鄙视，然后用一下午的时间做出了我好几天才能做出来的工作量。

事后想想，前辈给了我两个可以求助的最佳选择。一个是可以帮我承担机械性工作的实习生——她有助于节省我的时间，使我做更有价值的事情；一个是专业领域人才——她可以使我从完全不擅长的领域里解脱出来，避免浪费大量宝贵的时间。

学会求助他人帮你做一些事，这是健康的生活方式，也是值得倡导的时间管理方法。很多家长一味强调让孩子"自己动手"，以至于忽略了孩子灵活管理时间的能力的培养。所以，当孩子的时间余额不足时，可以适当引导孩子向他人救助。

比如，我的表弟在某医学院上大学，近期要进行一项研究性学习课目——听起来很高大上，其实也就是鼓励同学们掌握基本的研究方法。其中有关于中医的部分，表弟完全弄不懂，与其他同学从图书馆里翻阅大量的中医图书来研读深奥的理论相比，表弟采取的是另外一种方法：他敲开了邻居家的门，求助从事中医专业的老爷爷，把自己要问的问题一股脑地问了出来。

后来的结果就是，表弟用了比班上所有同学都少的时间，做完了自己的研究性学习课目。

五、与其没完没了地去想，不如动手去做

春游的前一天晚上，大部分的小朋友都不能安心地睡觉，因为春游这件令人兴奋的事总在脑子里徘徊，从一点点散发至无限大，从而占据了整个脑海与思想。

面对孩子的这种兴奋，许多家长都采取了包容的态度，毕竟谁都年少过，都能理解那种激动的心情。但是，如果占据脑海的不仅

是春游这样的好事呢？如果还有其他负能量的事呢？

记得三年前，我选好了心仪的影楼，即使一个月后才拍摄婚纱照，但对于一个摄影控，拍婚纱照这件事不亚于小时候春游，令人激动不已。我几乎每天都在思考："到哪里出外景更好看？""我应该选择什么款式的婚纱？""我应该选择什么颜色的鞋子？"最后又增加了这样的问题："如果拍外景那天下雨了怎么办？""如果拍照那天恰好长了痘痘怎么办？"

我所思考的问题可以分为三类：

一是，有效思考类。比如去哪里拍外景，这确实可以通过思考和比较找到最好的选择，有助于我拍摄出一套漂亮的婚礼照片。

二是，无效思考类。比如我应该选择什么款式的婚纱、穿什么颜色的鞋子。因为我并非专业人士，除了个人喜好之外，没有更好的选择依据，而且也不清楚影楼到底能够提供什么款式的婚纱。这就像去饭店吃饭之前一直思考自己应该点"麻婆豆腐还是水煮肉片"，结果最后去的是必胜客，无论哪种菜都没有，之前的思考都是白费。

三是，无能为力类。拍照当天会不会下雨，这事只有老天爷才能决定，无论我怎么努力地去思考，也不能改变当天的天气。而我在这类问题上花费的思考时间最多，也最牵涉精力，甚至因为过度担心（拍摄时间恰好在江南梅雨天前夕）而上火导致喉咙发炎。

拍摄当天，我听取造型师的意见，选到了非常合适的婚纱；当天并没有下雨，还拍到了漂亮的夕阳；至于长痘痘之类的意外也没有发生，一切都顺利得令人满意。

然而回顾这一个月，我因为过度思虑而浪费的时间却再也回不来了，这难道不是一个巨大的损失吗？

同理，孩子对春游的兴奋点中也会包含着成年人思考维度中的不良元素——无效思考类和无能为力类。比如，孩子会想："期末考试那天我会不会感冒？如果感冒了我就答不好试卷。"或者想："运动会那天我是不是会跌倒啊？如果跌倒了多没面子。"

家长的这种无效思考过多存在于脑海，就会导致大量有效时间被浪费，从而变成："我觉得孩子一直坐在书桌前，但不知道为什么，好像他什么也没有干。"通常情况下，这样的思考就是主谋。

因此，在教育孩子进行时间利用时，虽然家长不能够控制孩子的思想，却要对思想进行适当的引导——鼓励孩子去思考那些"通过思考可以找出更好解决办法"的事，而不是思考那些"无论你怎么想，你也改变不了"的事。

六、找关键人物去解决问题

如果你进入一个景区游玩后去上厕所，发现洗手间没有厕纸了，这时候你应该找谁解决这个问题？是找景区的管理员？还是直接找负责卫生的保洁人员？

成年人对这个问题往往有两种答案。如果想要抱怨与投诉，那自然是找管理人员，问问他为什么不按照文明城市标准的要求给洗手间供应厕纸。如果你真的很急，顾不上投诉，只想要几张厕纸，那显然是找负责卫生的保洁人员来得更快一些。

对于成年人来说非常自然的一种习惯，却时时刻刻困扰着儿童的时间管理。许多孩子都在犯这样的错误，遇到问题需要找人解决，并不能第一时间锁定最关键的人，也不会根据自己的目的来筛选人选，导致时间在一次次的寻找过程中浪费了。

花花同学把作业本落在了学校里，她需要立即拿回作业本完成作业，这时候应该怎么办？

花花先是哭闹了一下，找最疼爱自己的外婆诉苦。外婆身体不好，只能陪着花花发愁。然后，花花又打电话给好朋友苗苗，抱怨自己没有作业本，如果明天没有交上作业一定会挨批评的。再然后，花花找了正在加班的妈妈，妈妈听完花花的讲述非常心疼，但是正在开晚会的妈妈无能为力。妈妈建议花花找爸爸来解决这个问题，花花才不情不愿地找到了家中最严厉的爸爸。

爸爸听完花花的讲述（注意，这时花花已经把同一件事讲了四次）后，开车带花花去学校。但因为这时很晚了，学校已经关门，爸爸又花费了一点时间才找到门卫师傅，颇费周折地取回了作业本。

拿到作业本回家后，已经是晚上10点了，花花不仅又累又困，还要在身心俱疲的情况下写完作业。

回头想想，如果花花发现作业本未带回时，第一时间锁定最关键的人——爸爸。家里只有爸爸能够帮助她，那么，就可以在很短的时间内取回作业本，开始写作业，远比现在要舒服得多。

所以，教会孩子在事件中锁定最重要的人，是利用时间的有效步骤。不要让孩子把宝贵的时间浪费在"找了又找、说了又说"当中，一步到位永远是最省时间的做法。

七、学会做资料夹

花花要开始写作业了，所有的书本都被她摊在书桌上，每写到一题时，她就拼命地翻书，翻得手指发麻。这时候，花花爸说话了：
"你在找什么？"
"看今天老师讲的内容啊。"
"老师讲的内容你没有记在本子上吗？"
"啊，记了。"
"那就直接去本子上找，为什么翻看这么多书呢？这不是浪费时间吗？"

你看，这就是孩子经常犯的小错误。

有时候，无论是学习还是工作，找资料往往是最浪费时间的一

个步骤。如果前期的准备工作未能完成，则将在浩如烟海的资料堆里消耗掉大量的时间——这种感觉，写过论文、做过研究的人体会更深。

所以，一定要教会孩子使用"资料汇总法"，平时多利用一些闲暇的时间，将可能用到的资料分门别类进行汇编，使用时只需要集中精力寻找一两个领域即可，远比大海捞针更加有效。

此外，除了资料夹，还要学着使用更好的工具——比如快捷的网盘，用来存储资料与照片；速度快一些的电脑，使孩子在学习当中不用把时间浪费在等待加载的过程等。

工欲善其事，必先利其器，自古以来都是这个道理。

章后语

在这一章里，我们介绍了时间管理法的利器——表格。表格虽然是简单的辅助工具，却能使孩子脑海中的时间意识具象化、条理化、空间化，从而实现利用的最大化。

在培养孩子时间管理能力的早期，家长一定不要忽视表格的作用，按照上文所述的各类方式进行科学化的表格制作，一个学习周期后，效果立现。

第三步

巩固时间训练，别让你的成果一闪即逝

无论是家长还是孩子，不必每时每刻黏在一起形影不离。在教会孩子成为一个高效的、有条理的优秀人才时，还要注意他首先是一个"人"，需要"人"所必需的缓冲空间。只有这样，才能让我们每一天的教育工作达到真正的树人之目的。

每个人都需要胡萝卜

小语摊开作业本，突然哭了。

小语妈有些措手不及，抱着女儿询问了好久才知道原委。原来，昨天小语在妈妈单位写作业，一位叔叔走过来说："小语啊，你写字的笔顺不对，应该先写这一笔，再写那一笔。"

叔叔说完之后就离开了，而小语越想越委屈，觉得自己写作业本应该在妈妈同事那里得到认可，却招来了批评，不再是"优秀的好孩子"了。所以，今天一摊开作业本，小语就觉得难过，于是哭起来了。

次日，当小语妈把这事讲给我们听时，我们都沉默了。小语妈说："有的家长担心孩子不要强，而我担心的就是孩子太要强了。小语总是这样，一旦什么事情没有做好就会哭哭闹闹，就像无可挽回了似的，这孩子的完美主义真要命啊！"

第三步
巩固时间训练，别让你的成果一闪即逝

一、告诉孩子，心境应如水

确实如此。孩子的心灵比我们想象的更加脆弱，因为人生阅历少，所以在他心目当中很多事都是："一旦错了，就再也没有办法了。"他对失去的东西更加惋惜，对犯过的错误更加在意。

如果对正在读书的小学生进行一次采访，就会发现，相当大比例的孩子会因为考试成绩不好而觉得"死了算了"。

很多家长会被这种"死了算了"的言论吓坏，其实大可不必，这是人生必经的一个阶段。回想我们年少时，难道没有因为被老师批评、某次考试不及格等问题搞得生无可恋过吗？所以，对这种心态只需要良好的引导，就能够克服掉其中的弊端。

告诉孩子，要做一个心境如水的人。当然，这做起来绝不像说起来那么容易，但可以从许多小事上磨炼这种心态。比如电脑死机了，你对着电脑发飙也无济于事，正确的做法就是重启——只要硬件没有问题，卡得再厉害的电脑也会在重启之后焕发新的活力。

人也是如此。每天不要纠结于没有做好的事情上，要学会"重启"——昨天被批评了，真糟糕啊，但是今天再想也没有用，过多的纠结只会拖住前进的脚步，给身心带来负能量。

所以，无论孩子有多介怀曾经发生的事情，家长都要做好前进的引路人，告诉他："人的一生很长，过去的就让它过去，人生的

轨迹不会因为一个小小的失误就翻天覆地。"

同时，家长也要做好榜样，别总提起孩子曾经犯下的错误，把对孩子的教育浪费在"你看你以前就经常怎么怎么样""前几天你还犯了什么什么样的错，你现在是不是要再犯"之类没有意义的说辞上。人生是一条单行道，只能向前，又何必做无谓的回头？

二、学会奖励孩子

孩子到底想要什么？这是很多家长不了解，也没有认真去了解的地方。

前段时间，我向一些家长倡导对孩子的"奖励"问题，便有家长提出来："我们一直给孩子奖励，他考试好，我们就给买玩具；如果表现乖，就有好东西可以吃，我们还能做什么？"

我想说的是，你们能做的还有很多，所谓的奖励，并非指一味地给物质奖励。

诚然，物质对孩子来说是一种非常单纯的刺激——没有孩子不爱美食、不喜欢玩乐，但是如果让孩子将时间管理的乐趣与物质挂上钩，未来的教育之路会越来越难走。

当孩子一次次因为时间管理有了成就而从家长手中接过物质奖励后，会有一个根深蒂固的想法刻进孩子的心里：我做这些都是为了你们，否则，你们为什么总在奖励我？

第三步
巩固时间训练，别让你的成果一闪即逝

说到底，物质奖励是一种"他者的奖励"，快感来自于他者对孩子的施予，而不是孩子自身取得的满足。如果没有时间管理后自我的成就与满足感，那么，只要家长一放松，孩子就会立即泄气。所以，最好的奖励方法是让孩子有自我满足与成就感——成就感清单，就是一个不错的方法。

举个例子来说，今天你赋闲在家，有一堆的家务要做。早晨起来，你拖延着不想做，心里还惦记着想追的电视剧或者看了一半的推理小说。这时候，你要怎样做才能让自己爬起来去做家务呢？

我想，无外乎几个做法。一是给自己一点物质奖励，告诉自己，如果今天把家务做完了就可以出去吃点好吃的；二是给自己一点心理奖励，把要做的家务都列出来，做完一项就划去一项，当所有的任务都被划去之后，这一天的心里都是满足感。

成年人尚且需要这样的奖励，更何况自制力略差的孩子呢？所以，应该培养孩子建立一个"成就感清单"，也就是在之前表格的基础上，进行一些可以增加成就感的添加。

1. 划去法

简单地一划，可以起到非常重要的作用。这是许多家长和孩子都忽略掉的。

当我们按照前文所述的方法做好任务表之后，日子一天天地过去，终有对任务表感到疲倦的时候。这时，与其让任务表挂在墙壁上落满灰尘，不如每过一天、每完成一项任务就划掉。

不要小看这一"划",现在网络上流行这样的说法:中国人平均预期寿命是75.3岁,大概是900个月。如果将这900个月画成一个30×30的表格,一个格子就等于一个月,每过一个月就把一个格子给涂满。

当人生被量化后,你将会看到——30岁的你,过去的岁月与余下的岁月就是这样的。

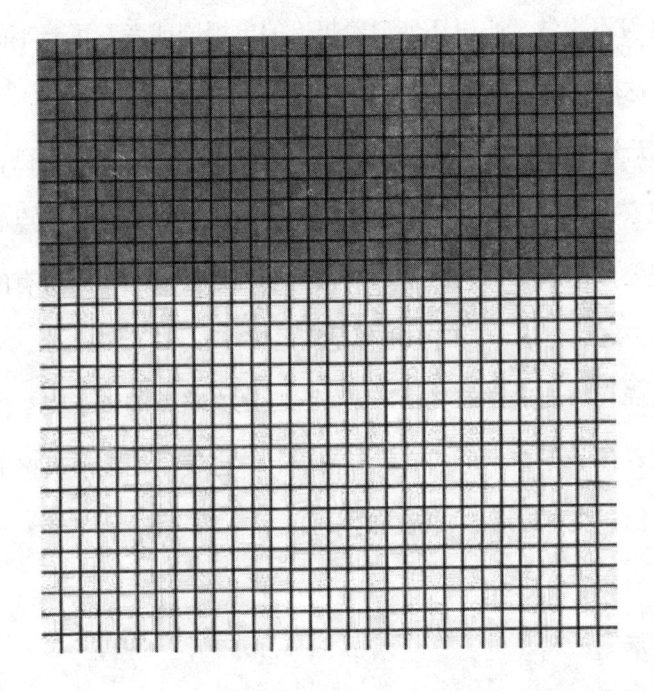

是不是感到触目惊心?同样一个格子,划去和未划去,用掉与未用掉,经过量化之后有质的改变,也造成了感官上的强烈刺激。

尤其是孩子往往都有一定的"强迫症",这是年少对事物完美性追求的一种体现。家长注意观察孩子就会发现,给孩子一块干净的橡皮,他往往不舍得用;如果给孩子一块脏兮兮的橡皮,因为其本身就不太完美，他对这块橡皮也不太珍惜。

孩子每完成一项任务、每充实地过完一天能够把这一切圆满地划去，对孩子的激励就会大大增强。"一天不落地划去"，就是使我们所制定的时间表成为一块完美的橡皮，如果孩子完美地坚持下来，看到每一天都有漂亮的划线，就不舍得放弃现有的坚持。

2. 检视法

除了每完成一项任务就一丝不苟地划去外，还要对排列出来的任务进行检视。比如，给孩子制定了合理的时间表，孩子也确实坚持了一段时间——以两个月为例，孩子每周都会有一张时间表，每天完成任务之后按时划去，那么，孩子就会有 8 张完美的时间表。

这时候，不应该把时间表从墙上拆下来随便丢掉，而应该好好地保存起来，过一段时间就给孩子回顾一下。那些小格子以及填写在格子中简短的语句，就是对孩子每一天生活的记录，家长应该对格子中的内容适当地加以引导，比如说：

"花花，你看，4 月初的时候你还不会背这篇古文呢，现在咱们俩每天晚上都可以一起背古文了，多棒啊！"

"莉莉，你看，半个月之前你还在练《小步舞曲》，现在已经可以练《献给爱丽丝》了！"

"乐乐啊，3 月底你的任务表没有完成，那次是因为感冒了没有办法完成，对不对？以后你应该避免这种情况出现，你看那个时间表都空白了一大块，多难看啊！"

回顾既是对已得内容的珍重，也是对未来生活的激励。所以，检视法非常重要，总体上可以进行：每日检视——检视后对完成的内容划去；每周检视——查漏补缺，看看是否有没完成的任务，或者视任务的完成情况对时间表进行调整；每月或者每两个月检视——不看细节，只看成长，只看激励与未来。

3. 外貌协会法

为了让这份成就清单（既有可能是清单，也有可能是时间表）起到更好的激励作用，我建议家长使用更漂亮的载体。

每个孩子都是"外貌协会"——对美好的东西更爱惜，也更有兴趣。如果在载体上一味省钱，比如有的家长从单位拿回一些废弃的打印纸，反面装订后给孩子当时间管理表。这虽然也能起到作用，但孩子多少会觉得泄气，对这个划满线的表格也不那么重视。

如果能够增强表格的仪式感，比如到超市里挑选非常漂亮的彩纸和彩笔，让孩子亲手写下名字，记录下开始时间管理的起止日期，之后用彩笔配图、钢笔记录等，仪式感会让孩子对即将开始的时间管理有心理上的重视，而这种重视会促使他尽全力做好，尽全力坚持得更久。

说到底，每个人都需要胡萝卜。胡萝卜虽然代表了欲望，却并非坏事。当我们有了一个执着前进的念头时，我们往往会将事情做得更好——这个"更好"，一直是我们努力追求的。

第三步
巩固时间训练，别让你的成果一闪即逝

营造客观的"时间环境"

随着时代的发展，各种书籍给思想的流动与传播提供了有利的载体。所以，无论是否爱读书的人，都能随时说出几句"鸡汤"名句，比如"拼搏到无能为力，努力到感动自己""别在吃苦的年纪选择安逸"等。

诚然，这些句子给了我们许多激励，让我们在艰辛的生活中找到了色彩与光明。但在大量使用这些句子为自己洗脑、给他人勉励的时候，你是否想过：它真的适合自己吗？

前几年，我出版了几本励志社科书籍——内容也就是大家常说的"鸡汤"文，身边许多朋友都读了，深以为然，好评连连。但有个朋友对我说："你倡导的思想不对。"

"怎么不对了？"

"你有一本书里说：吃亏是福，总吃亏就是傻。我觉得特别有理，就照着这个思想做了，结果我跟单位的同事闹得很僵。"

你看,这就出现了一个"传播"与"接受"之间的差异。

当时,我想倡导的思想是:做人不能一味忍让,一再退后、模糊底线只能让别人看轻你。但是,我的这位朋友把"总吃亏是傻"理解成了"事事争先",所以单位评优他要争,出国交流他要争,就连发苹果挑大个儿的他也要争。这样一来,同事间的关系能处理好才怪呢。

可见,每句"鸡汤"文都有其正确之处,但这种正确未必人人都能理解。以时间管理为例,许多家长把对成年人的时间管理条例用在孩子身上,一味给孩子灌"鸡汤",并对成果津津乐道,自认为是标杆家长。

"鸡汤"是好,但很多家长不能让孩子求得甚解,于是越用越糟糕。这里就挑几则常见的时间管理类"鸡汤"给大家细细分析,希望能使一些走上歧路的孩子找到新的方向。

一、是否要把时间浪费在"美好的事情上"?

现在特别流行一句话:把时间浪费在美好的事情上。这种观点真的超级美好,我本人就经常以此句作为时间合理利用的座右铭。它所倡导的是:美好的人生是顺从本心,跟随自己的感觉,做想做的事、爱想爱的人,不要每天都像追公交车一样奔跑个不停。

是不是非常有理?是的。

是不是人人都适用？显然不是。

比如，一个正沉迷于打游戏的孩子，恰好听到了这句"把时间浪费在美好的事物上"，他顿时觉得要"顺心而为"，一下子找到了继续打游戏的理论依据。在他看来，最美好的事物无非是约上几个好友一起打游戏，没日没夜地玩耍，在虚拟的世界里称王称霸。

本来这个孩子还对自己的生活方式略有愧疚之心，但在灌进了这碗"鸡汤"之后，他立即觉得理直气壮，斗志昂扬。

如果是一个天天奔波于工作一线，累得饭也没空吃、头也没空洗、妆也没空化的女白领，这碗"鸡汤"就着实灌对了。

对于女白领来说，太多的工作任务使她失去了享受生活的时间和心情，即使她终于有时间给自己做一餐清爽可口的饭菜，在内心深处也会有一个莫名的声音逼迫自己："做饭、吃饭、洗碗，这需要一个多小时呢！有这时间，我不如多联系几个客户。至于晚饭嘛，叫外卖就行，速度快也不难吃。"

过于适应忙碌的人，不仅是因为没有时间休息，更是没有能力休息、没有心情休息。这时候，如果有人能够安抚她，告诉她"要把时间浪费在美好的事物上"，让她知道：在这个春意盎然的季节里，买上一把香椿头，来一盘金黄的鸡蛋炒香椿，多吃一些香喷喷的米饭。饭后倚在窗前晒晒太阳，未必不比联系客户更重要。

其实，无论是多吃几碗饭，还是多谈几单生意，为的不都是美

好的生活吗？你这样想，这碗"鸡汤"一定就是灌对了。所以，当家长和孩子都想要听从内心顺心而为的时候，一定要考虑一点：我是不是适用于这个理论，我的孩子是不是适用于这个理论。

更重要的是，明确什么才是"美好的事物"——并不是带来短暂快乐的都是美好事物，也并非人活一世事事都能美好快活。在给孩子科普这样的时间管理理念时，一定要理清这个观点，避免孩子在时间利用方面成为一个享乐主义者。

二、把今天当成此生的最后一天对吗

近年来，我身边的朋友、同事中非常流行一种"末日世界观"，也就是把每一天都当成此生的最后一天来过。

比如，我的同事萨拉本来不敢玩蹦极，但是很多人劝她："你再不来一次蹦极就来不及了，以后越来越老，身体也就越来越不行了。"又说，"如果今天是你一生中的最后一天，你那么想蹦极，你舍得不让自己去吗？"

类似这样的话，洗脑力非常强，让人难以抗拒。于是，一向胆小的萨拉真的去蹦极了，并加钱购买了摄影服务，拍下了"壮烈"的全过程。当我们坐在办公室看着镜头前的萨拉勇敢一跃时，内心深处都为她高兴，并激起了尘封已久的少年之情，甚至也想拍着胸脯告诉自己："我也要这么活！"

第 三 步 <<<
巩固时间训练，别让你的成果一闪即逝

不过，当我冷静下来后不免意识到：这次蹦极虽然很"燃"，却是一件极为冒险的事情。萨拉是重度近视患者，蹦极对她的角膜存在一定的安全威胁。虽然这一次萨拉已经安全归来，但那天毕竟并非萨拉此生的最后一天，如果眼睛真的出了问题，她要如何度过未来的每一天？

所以，"末日世界观"说到底是一种假定条件下的行为诱导，一切都假定在"如果今天是此生的最后一天"。在这种极端条件下，很多原本不想做的事情也会突然出现在脑海里，并在冲动之下完成。

但今天毕竟不是最后一天，未来的日子还得过下去，"拼一把"的态度不是不积极，却不能以此为条件狂拼生活的每一天。

前段时间，同事小米对其正在备考初中的女儿芳芳灌输这样的思想，告诉她："如果今天就是你考前的最后一天，你还会用这样的态度学习吗？"

芳芳是个非常乖巧上进的孩子，全盘接受了老妈的这番洗脑，每天熬夜学习，刻苦读书。正当小米向我们炫耀她教育孩子有方的时候，芳芳的身体出了问题——头疼。

有过相关经历的人都知道，所谓"病人一头疼，医生就头疼"，因为诱发头疼的原因太多了，有可能是器官上的，有可能是神经上的，还有可能是精神上的；有可能问题出在头部，有可能问题出在颈部，还有可能问题出在血管……

总之，小米把头疼欲裂的女儿带去医院，大费周张地全套检查并没有明确病因，最后只得到了一个医嘱："回去好好休息，早点睡觉不要熬夜，多喝热水，压力不要太大。"

由此可见，所谓的"最后一天"固然很有激励性，却完全不符合可持续发展的战略。如果我们把每一天都当作人生当中的最后一天，或是某个重要事件结束前的最后一天，往往可能会不顾后果地使用自己的身体、动用自己的关系，进而做了一些未来无法收场的怪异事情。

健康的人生观，应是把人生看成一个有长度、有广度也有深度的复杂时间综合体，每做一件事情都有计划，要与未来相连，不与过去割断，这样才能够实现持续稳定的进步。

如果小米没有一味给孩子打"最后一天"的鸡血，而是客观冷静地告诉她：离考试还有多少天，你整理一下自己还有哪些薄弱的环节，是不是应该有计划地排个时间表，逐一击破？

你看，这一切又回归到上一章所说的安排任务清单、制作科学的时间表格领域了。通过实践证明，这样的方法才是最有利于孩子成长的，也是最健康、易操作的时间管理方法。

说到底，这一节我们想讨论的就是：营造客观的时间环境。鱼在水中可以不知水，但人在世间一定要知时间，要知道自己处于一个何样的时间位置上。

我们要知道自己到底想要什么。

第三步
巩固时间训练,别让你的成果一闪即逝

我想要的是不是值得去做?

过去为了这件事曾用掉多少时间?

未来到底还有多长时间可以使用?

…………

客观地认识自己的时间维度,既不轻易陷入"今朝有酒今朝醉"的享乐主义陷阱,也不轻易被"如果今天是此生最后一天"而疯狂洗脑。

作为家长,要告诉孩子——时间就在那里,它平静地流过,安稳地等你。而你所需要做的就是适应它、了解它并掌握它,最终使时间成为你人生的背景音乐,你在其中翩然起舞。

要大胆地对干扰说"不"

凡事贵在坚持，但凡事最难的也在坚持。

以我自身的经历为例。2019年起，我特意买了一本每天可以记事的漂亮日历，希望能坚持锻炼身体并把锻炼的内容记下来，给自己以鼓励。

起初，这一习惯坚持得非常好，每一页日历上都能看到我画着笑脸的运动记录，但是很快就坚持不下来了。归纳起来，导致计划中断有这样几个因素：一是突发性事件时有发生，破坏了原有的规律生活；二是身体不适造成了计划中断；三是计划没有习惯性，经常会忘掉；四是记录方式不便捷，有时候想起来了也懒得记录。

以这次不良习惯造成的失败教训衍生开来，我发现了"干扰"的力量。

很多时候，孩子也希望能够培养一个长期的时间管理习惯，按照时间表的安排方法稳稳当当地推进学习计划。但是，太多的不安定因素冲击着这个计划，恰逢计划脆弱易碎，那更加不堪一击。

第三步
巩固时间训练，别让你的成果一闪即逝

因此，当我们建立起一个行之有效的计划后，还要抱着"成功容易守功难，守功容易终功难"的心态，大胆地对所有干扰说"不"。

一、培养良好的时间习惯，切忌孩子打"人情牌"

晓雨同学终于开始推行时间计划表了，按照研学要求以及个人任务安排推进计划。本周末，应该由晓雨本人定点发放制作的调查问卷表格，然而在这个节骨眼上，爷爷奶奶来了。

晓雨与爸妈常住北京，长年看不到爷爷奶奶，此时相见自然是分外喜悦。到了周五晚上，爷爷奶奶在家中坐定吃饭，共享天伦之乐。晓雨兴奋地说："太好了，周末我要带爷爷奶奶去天坛、地坛、日坛和月坛！"

"哟！北京有这么多坛啊，我们家晓雨知道得可真多。"爷爷奶奶见孙女有孝心，笑得眯起了眼睛。这时候，妈妈插话道："晓雨，按照计划，这个周末你得去发调查问卷啊。"

"啊……"晓雨的热情顿时被熄灭，脸色也不那么好看了。其实，挂在她脸上的潜台词是："爷爷奶奶都来了，研学计划就不能延后一下吗？"

爷爷奶奶知道晓雨有学习任务，急忙道："我们不想出去玩，让孩子该怎么学习就怎么学习，别管我们。"

老人家此话一出，更令人过意不去，晓雨的小嘴一瘪："妈妈，

爷爷奶奶好不容易来一次，而且我也想去玩一下呢。奶奶，你们就当是陪我了，行不行？"爷爷奶奶最是心疼晓雨，急忙替孙女求情："要不这个周末就破例一次，下周可就要好好学习了！"

晓雨妈还能说什么，叹了一口气，答应了。

研学计划因为爷爷奶奶的到来延后了一周。结果到了下个周末，正好下大雨，一大早，晓雨蜷在被窝里，说什么也不想出去。晓雨妈拿着时间表冲进晓雨的卧室，要她对自己的计划负责。

按照以往，晓雨肯定在妈妈的要求下乖乖地爬起来，哪怕天上下着冰雹也会跑出去发问卷。但是现在不同，爷爷奶奶就在家里，"隔辈亲"的强烈情感唤起了晓雨的叛逆之心，她少见地对着妈妈大喊："今天不去了，行吗？"

"不行！"妈妈不吃晓雨这一套。

晓雨也来了精神，想出了非常充足的理由来反对："可是，填写问卷需要很多人，今天这个天气，哪有人出来嘛！出来的人也都是精神有问题的怪人，把问卷给他们填写，拿来的数据也是白费。"

这套歪理把晓雨妈气个半死，但是站在一旁的奶奶听出了端倪。奶奶坐在晓雨的床上，替孙女把被子盖好，惊讶地说："天啊！你是让晓雨出去发问卷，不是去学习啊？发那东西干什么？家里又不指望她勤工俭学，不靠她出去发问卷挣那点钱。"

"妈，你不懂，这是她研学的一部分。"晓雨妈不知如何跟婆婆解释这个问题。

第三步
巩固时间训练，别让你的成果一闪即逝

"我不懂，但我知道，学习就应该坐在家里好好学，让她冒着雨出去算怎么一回事啊？如果你们非要发这个问卷，那我出去发，我一把老骨头了不怕风吹雨打的，让晓雨好好在家待着！"

晓雨妈意识到，如果再坚持下去恐怕会引起婆媳矛盾，只能单方面服软，放任晓雨继续赖床。这样一来，晓雨的研学计划就延后近两周了。

现在回顾一下晓雨的研学任务。

晓雨的素质不可谓不好，计划不可谓不科学，晓雨妈作为监督者也是很负责，之所以被打断了甚至有中断的危险，就是因为计划中凭空出现的"人情牌"。儿童时间管理的难处就在于：儿童处在家庭的复杂地位当中，既是被管理者，又受到管理者的高度爱护。

儿童不同于公司里的员工，没有严谨的制约方式，没有严格的奖惩机制，所有的行为导向靠的都是家风——凭借亲情与约定俗成维系起来的情感。所以，儿童的时间管理计划极易被中断，比如累了困了，就会有爷爷奶奶说情；家中来了亲戚，就可能有游玩活动替代了原有计划；学习任务重了，就会有爸爸妈妈或者兄弟姐妹愿意为他承担任务……

时间长了，孩子对现有的计划缺少敬畏感，并存了"其实，不执行也没有什么关系"这样的侥幸心理。一旦这种心理在他心里扎根发芽，未来的人生中无论制定了多么重要的计划，也难以推行下去。

所以，对孩子的时间管理既要"变通"，也要"固执"。变通指的是，可以根据孩子的实际接受能力和家庭生活情况对时间表进行与时俱进地调整，以求达到最契合、最有效的任务安排。固执指的是，一旦时间表经调整后确定下来，那就应严格执行，成为铁打不动的规定。

聪明的家长一眼就看出了二者之间的关键联系：时间表。无论是变通还是固执，对象都应该是时间表，而不是孩子的行为。

这样说可能难以理解，让我们继续回归到例子上来。

遇到晓雨这样的"人情牌"情况，如果不及时进行调整，研学计划就会变成一盘散沙。即使晓雨能够在爷爷奶奶离开后再次投身于研学，但她是否能保持对时间表的信任之心呢？这是一个未知数。所以，晓雨妈对这项任务进行了新的调整。

当晚，吃完晚饭之后，晓雨妈和晓雨开了一个家庭会议，内容并不是针对晓雨这两周的散漫表现，而是讨论如何对时间表进行调整。晓雨妈表示：爷爷奶奶来了，你想要多一些休息的时间，多陪伴一下爷爷奶奶，这没有问题。但现在咱们毕竟还有时间表上的任务需要完成，那么，是不是应该结合实际情况来调整一下时间表呢？

晓雨欣然接受，并表示：希望把发放调查问卷任务放在爷爷奶奶走后。妈妈随即提出了问题："如果爷爷奶奶半年之内不走呢？研学是不是就不做了？"

晓雨不想放弃研学任务，但又不愿意立即开始。经过讨论，妈

第三步
巩固时间训练，别让你的成果一闪即逝

妈与晓雨敲定了新的时间表，即下周末开始发放问卷。

这一切确定之后，妈妈对晓雨提出了新的要求："爷爷奶奶的到来属于特殊情况，这种情况我们已经进行特殊考虑了，所以才有今天的时间表调整。调整后的时间表，不能再因为这种特殊情况而进行再调整了，你能接受吗？"

晓雨感受到了妈妈的让步，同时商议后重新制定了时间表——这一有仪式感的行为，使晓雨再次燃起了对研学任务的热情，于是欣然接受。

当然，晓雨的事件属于理想情况的一种，因为孩子有强烈的愿学意愿，也较为听话。生活中，并非事事都能处理得这么容易，所以，关键不是掌握具体的技巧，而是解决问题的思路。

很多家长都愁于管教孩子时突然出现的各种"人情牌"——孩子的时间管理习惯好不容易建立起来，却因为七大姑八大姨，尤其是爷爷奶奶、外公外婆这一辈人的干涉而全盘毁掉。家庭矛盾毕竟不是敌我战争，所以大打出手是不可取的，只能通过两个原则来进行调整。

一是，呼吁家人尽量不要打亲情牌。当家庭中有亲人对孩子的学习进行干涉时，先与亲人交流，说清事件的重要性，表明培养孩子长期习惯的益处。

二是，适当进行调整，但调整的一定是时间表而不是孩子的行为。在交流无果的情况下，可以视具体情况对原有计划进行调整。

正如我再三强调的，所调整的一定是时间表，而不是孩子的行为。无论怎么调整，都要坚持"行为符合时间表"这一原则，可以对时间表进行更改，但更改后的时间表依旧是权威的，严格要求孩子服从。只有这样，才能让孩子始终坚持对时间表的敬畏，不会对时间管理掉以轻心。

说到底，要让孩子知道——时间表就是要执行的。如果遇到特殊情况，可以坐下来商谈，对时间表进行适当调整，绝不能因为行为散漫而忽视时间表的作用。

建立起对时间表的权威，是抵制孩子"人情牌"的最有效手段。

二、习惯养成很难，崩塌特别快

好多家长都会有这样的感受：给孩子养成一种优秀的习惯是很难的，但是想让某种习惯崩塌，却轻而易举。

比如，孩子沉迷于网络游戏，想让孩子建立起一个"平时不许玩，只有周末才能玩两个小时"的习惯是非常困难的，需要全家的监督以及孩子的自觉。但是遇到五一、国庆、春节等长假，孩子可以立即恢复到没日没夜打游戏的状态里，对之前健康的生活习惯毫不留恋。

再比如，孩子特别爱吃油炸食品，好不容易苦口婆心劝服孩子多吃蔬菜水果，一旦同学请客吃肯德基，孩子就会把少吃油炸食品

第三步
巩固时间训练，别让你的成果一闪即逝

的告诫忘得一干二净，抱着全家桶大吃特吃。

这个现实虽然无奈，却实在没办法，家长也没有必要为此而大费心思。正如美国早年特别流行的一句谚语："一种东西，如果好吃，就把它吐掉。"世间事，往往是越不利于身心的，就更令人快乐，我们又能奈何？

现在，我们唯一能做到的，不是让坏习惯变得不易接受，而是让好习惯变得更易接受。以我自身为例，自从每天"以日历记大事"这种习惯中断之后，我好好地反思了一下，发现除了自己主观定力不强等原因之外，还有一个突出的客观原因——记录方式有问题。

我把日历放在了卧室窗台上，那是我平时很少去的地方。而且下班之后，我极少在卧室活动，唯一进卧室的机会就是睡觉，那时已经困得不行了，哪还有精力记录今天的大事。

偶尔有几次想起"今日大事未记"，给自己的回应也是："算了吧，今天太困了，明天再记。"明天还是一样的困倦，所以，一天一天的空账就积累起来了。

如果我把日历换一个位置放，情况是不是就不一样了呢？

后来，我把日历转移到了单位的办公桌上，这样，每天早晨上班第一时间就会看到日历。这时候，我全身心都充满了工作的激情，身心也比较轻松愉快，于是回顾一下昨天发生的大事，拿起笔来记录下来，这不算什么难事。而且，回顾昨日发生的大事，对我开展未来一天的工作很有好处，对心情与颇有助益。

同事 A 一直奉行"好记性不如烂笔头",所以包里总是带着一个很漂亮的小本子,随时准备记录。但是,因为现代人用笔记录的时间不多,遇到事情往往不记得翻出本子。有时候开会没有带提包,想要记录时却发现本子不在身边,等到本子在身边了又忘掉要记录的事,所以,本子一直没有发挥应有的作用。

后来,同事 A 转变了思路,改为用手机里的"备忘录"来记录注意事项,这下子效率大大增加了——她本来就是一个手机控,闲下来经常玩手机。现在,遇到什么事她随手就能掏出手机记录一下,玩手机的时候顺便打开看看,这就起到了良好的提醒作用,实在是轻松又愉快。

你看,好习惯之所以难以养成,是因为我们没有注意细节。一些小细节的调整,就可能让我们成为一个好习惯的快速养成者。

我的一个初中同学,非常喜欢在周末的早晨看书,其父母惊喜不已,因为他们从未有意帮助孩子养成这样的习惯。经了解后知道:孩子之所以喜欢在周末的早晨看书,是因为读了金受申先生关于茶的散文,也学着在早晨泡一杯清茶坐着看书,便觉内心沉静,身体舒畅。

虽然孩子看书之意不在书,而在那一杯清茶,但毕竟一个良好的读书习惯在日积月累中就养成了。

所以,在孩子培养良好的时间管理方法时,作为家长不要一味

第三步
巩固时间训练，别让你的成果一闪即逝

地看到难度，还应看到提升的空间和可把握的细节。

如果孩子不能每天坚持练琴，那么，家长要考虑一下是不是练琴的时间选择得不太好？如果孩子不能每天坚持跑步，家长要观察一下是不是跑步的环境不太好？或者是给孩子提供一个漂亮的耳机，让他听着音乐跑步会更好？

一个小小的细节，可使一件原本无味的事变得轻松愉快、充满期待，而这其中的法门，则需要家长和孩子好好摸索。

时间重合利用法

接下来，我们要学习一项进阶内容：时间重合利用法。

时间对于每个人来说是公平的吗？表面上看是这样，但实际上又不是这样。因为有的人可以在同一时间内做多件事情，对于他来说，时间被重复使用了，同一时间内完成任务的密度增加了，虽然使用时间时的愉悦感并不一定因此而增加，但效率显然是不同的。

我们都不想在时间的公平性前低头，孩子也不想。所以，适当应用时间重合利用法，对时间管理和提升效率大有助益。

到底什么才是时间重合利用法呢？简单来说，就是在同一时间内做两件甚至两件以上的事情。从字面上来看，这非常容易理解，实际上却不那么浅近易懂。比如下列几项行为，请甄别哪种才是时间重合利用法：

1. 小兵一定要听着流行歌曲才能做数学题
2. 小秋一边洗衣服，一边和妈妈聊天
3. 米莉守着汤锅的同时读小说

4. 大宝一边听妹妹唠叨，一边想心事

上述四种行为，初看都是"一心二用"，实际分析后却有很大的不同，真正符合时间重合利用法的只有第三条。

为什么这样呢？让我们来逐个分析：

1. 小兵一定要听着流行歌曲才能做数学题：这句话的意思是，小兵如果不听流行歌曲就不能或者不想做数学题。这说明，小兵并非主动选择既听歌又做题，而是因为个人条件限制而不得不这样做。时间重合利用法要求的是——主动选择同时做多件事情。所以，这一条并不符合我们的要求。

2. 小秋一边洗衣服，一边和妈妈聊天：小秋既洗了衣服，又跟妈妈聊天，是不是特别符合同时做两件事的要求呢？请注意，小秋洗衣服和跟妈妈聊天这两个行为所占用的是不同部分的精力——洗衣服用的是手，以手动为主进行这项工作，对其他方面的要求不多；聊天用的是听觉系统和思维，不需要用手。而我们所倡导的时间重合利用法需要一定的难度，需要训练所习得，所以小秋的行为也不属于时间重合利用法。

4. 大宝一边听妹妹唠叨，一边想心事：很显然，大宝并不想听妹妹唠叨，所以"开了小差"。表面上看起来大宝做了两件事，但归根结底只做了一件事：想心事，妹妹的唠叨未必听到心里去，因此也不符合时间重合利用法的要求。

最后我们来看唯一符合条件的第三条——米莉守着汤锅的同时

读小说。显然，米莉有效地利用了时间，在单位时间内既看守了汤锅，又阅读了小说。这两种行为都需要一定的思考，同时占用了脑部的精力——如果米莉只顾看着汤锅，则无法读小说；如果一心读小说而太过于入迷，就会把沸腾的汤锅忘在一边。米莉之所以能够顺利地利用照看汤锅的时间读小说，也需要一定的练习，从而达到了"一心二用"的效果。

因此，我们通过以上四个事例可以归结出时间重合利用法几个条件：时间重合利用法要求我们采取一种积极主动的行为，自觉地将两件及两件以上的事情整合在一个时间段内完成。这两件事需要占用的是相同领域的精力，所以有一定的难度，需要我们努力锻炼或者后天习得才能够顺利完成。

那么，到底如何习得这种能力呢？我们应该分三步来完成这种学习。

一、什么样的行为适合时间重合利用法

不是世上所有的事都适合一心二用，也不是所有的行为整合到一起都会提高效率。举例来说，我每天用大量的时间去写作，我也曾想过，如果能在写作时再做点别的事，效率不就大大提高了吗？

于是，我曾在写作时尝试听昆曲，幻想着自己能够既写了小说也学会了昆曲。然而事实是，那几天我写出来的文章惨不忍睹，而

第三步
巩固时间训练，别让你的成果一闪即逝

昆曲在我的脑海里一遍遍回放，不仅没有美感，反倒打扰到了写作，我至今也没有学会唱那一段昆曲。

可见，一心二用不是不可取，但在分配这"一心"时需要有所权衡。因为写作占用了大量的记忆力、语言逻辑力、思考幻想能力，学昆曲同样也需要占用上述精力，二者形成了强烈的冲撞，导致哪个也没有做好。

再反观我们之前提到的"米莉守着汤锅的同时读小说"这一事例，读小说占用了大量的脑力，而照看汤锅只需要稍加留心就可以了，脑力得到了适当的分配，一主一次，所以进展顺利。

由此我们可知，如果把所有想做的事情都重合在一起，在自己的时间表里乱塞一通，起到的将是相反的效果。那么，到底哪些事孩子可以同时进行呢？这就需要家长具备一定的甄别能力了，我们来看以下几项行为：

做口算	写作文	做奥数题	练琴	游泳	背诵古文
压腿	听轻音乐	煮面条	洗澡	打电话	吃饭
躺下放松	慢跑	做眼保健操	看电影	听相声	散步

上表所列举的都是孩子经常会做到的事情，到底哪些事情适用于时间重合利用法，而哪些不适用呢？

我相信细心的家长已经发现：通常情况下（指孩子的心智均属

正常的水平），第一行的各项内容都不适用于时间重合利用法，因为这些内容都占用了相当大的精力，需要注意力集中，全身心投入，胡乱加入其他内容将会起到破坏性作用。第二行、第三行的内容相对轻松一些，可以进行新的组合。比如，可以一边听音乐一边慢跑，可以一边压腿一边看电影，可以一边躺下放松一边做眼保健操，一边洗澡一边听相声等。

家长和孩子可以利用空余时间将常做的事项列举出来，然后分门别类，刨除不适用于时间重合利用法的事件后，对其他事件进行整合，以达到高效利用时间的目的。

二、什么样的孩子适用于时间重合利用法

尽管我们已经筛选出了适用于时间重合利用法的行为，但不幸的是，并非所有的孩子都适用于这一方法。有些孩子能够一心二用甚至多用，但对于有些孩子来说，只能一心一用，在同一时刻多做一些其他事情便会令他手足无措。这与智力关联不大，主要还是思维模式的差异。

那么，如何知道孩子是否适用于时间重合利用法呢？我建议家长对孩子进行一次"全面观察法"的实验。

找一个晴好的日子，挑一个孩子心情不错的时机，全家人到一

第三步
巩固时间训练，别让你的成果一闪即逝

个从未去过的公园里。这个公园的元素最好丰富一些——比如西湖就是不错的选择，这里有自然风光，有古老的建筑，有许多游人，最好还有一些小动物（如西湖边上的小松鼠之类）。

当孩子融入这一环境并彻底放松下来后，有目的性地进入一个元素丰富的地点，家长可以问孩子："你刚才看到什么了？"

这时候，你会发现每个孩子看到的东西绝不一样：

有的孩子看到了古老的房子，很漂亮，很有历史感。

有的孩子看到了松鼠在树上奔跑，他想靠近一点儿，松鼠却跑掉了。

有的孩子看到刚才经过的小姑娘穿的裙子超好看，她也想要一条。

有的孩子发现梨花已经开了，像一片白色的云……

孩子的每种视角都很好，家长需要关注的是：你的孩子到底看到了几方面内容？

如果孩子既看到古建筑，又看到了自然风光，甚至还看到了活动着的小动物，那么恭喜你，你的孩子具备全面观察的能力和素质，非常适用于时间重合利用法。这样的孩子往往活泼好动，性格外向，对新鲜感强的东西更有兴趣。

如果你的孩子只看到了一样东西，比如他只看到了湖边有一朵花，花开得很美，其他的一切都不在他眼里。那么你也不要生气，你的孩子具备与他人不同的视角，可能更深刻、更内敛，不过他不

太适用于时间重合利用法——同一时刻需要他做许多事情,他便会觉得无所适从。

通过这种全面观察的方法,我们能够很快地找出孩子的特性——到底是专一式的,还是全面式的。

如果孩子是专一式的,那么很好,建议对孩子进行某方面的突击式培训,比如喜欢花,觉得花很美,那么可以试着用诗句去描绘它,用画笔去勾勒它,单一式的培养可能更适合这一类孩子的思维方式。

如果孩子看到了树看到了花看到了人,能看到的都看到了,但是每一项看得都不太仔细,那么,最好能够加强时间重合利用法的培训,使孩子成为一个高效利用时间的人。

三、如何培训孩子使用时间重合利用法

现在,我们已经找到了合适的培训对象,也明确了可以用于时间重合利用法的行为,接下来就是对孩子的强化培训了。

在面对一个事物茫然不知所措时,表格再一次拯救了我们,我们可以通过表格对即将进行的培训进行具象化的分析。

比如,某周末游游同学有了一个空闲的下午,她可以随意挑选想做的事情,于是游游做了如下几件事:

1. 洗头发

第 三 步
巩固时间训练，别让你的成果一闪即逝

2. 吹头发

3. 第 N 遍重温《甄嬛传》

4. 试穿网购的新裙子

5. 听评弹

6. 打电话和好朋友聊天

7. 读一本小说

8. 煮银耳汤

9. 原地踢腿 60 次

10. 给多肉植物浇水

这些事足够填满游游的一个下午，游游觉得无比充实。但是，仅此而已了吗？在妈妈的指导下，游游把这些事放进了表格里，然后发现，许多事情是可以同时进行的：

第一组行为	第二组行为	第三组行为
洗头发		听评弹
吹头发		
试穿网购的裙子	第 N 遍重温《甄嬛传》	原地踢腿 60 次
读一本小说	给多肉植物浇水	煮银耳汤
打电话给好朋友聊天		

除了读小说这一行为之外，其他行为都可以同时进行两到三项，而且并不会对首要行为（即表格中的第一组行为）产生太大的

干扰。如果游游采取这样的方式来利用下午的时间，可能会觉得更加充实，省下来的时间也会更多。

但是，一下子让游游变得这么"多动"，对其个人的发展并不是好事，适应起来也很困难。所以，游游如果真的想培养这方面的技能，不妨从最简单的开始做，比如原地踢腿60次——每次踢腿的时候都可以听评弹，这并不是什么难事，游游可以很快地接受。接受之后，可以再加入煮银耳这个行为，因为大量的时间是照看煮着银耳的小锅，所以也很容易接受。

如果这一组"三项行为同时进行"的练习已经做得很熟练了，则可以把"听评弹"这项单一的听觉行为替换为"第N遍重温《甄嬛传》"（请注意，这里我格外提到是"第N遍"来重温《甄嬛传》这部电视剧，如果是第一次的话，易占用很多的脑力，从而无法实现多项并行），形成了视与听的相结合锻炼。这一组集视、听、肢体运动和脑力运动的行为可以圆满达成的话，游游的时间重合利用能力就差不多达标了。

所以，时间重合利用法并没有多难，重要的是理清思路，按照思路进行。先明确何谓时间重合利用法，按照其标准和要求筛选适合这项训练的对象和行为，之后对即将进行的事件进行分组排练，依次加入到培训中，最后达到各种能力的综合发挥。

时间，就是在一次次的锻炼中省下来的。好孩子，也在一次次的锻炼中发展得越来越全面，并越来越爱上时间管理的多彩与丰富。

时间管理的前提是"花费时间"

有一句话说得好:"你必须很努力,才能看上去毫不费力。"纵观我们身边那些游刃于时间内的人,看似轻松,其实都经过了一个磨炼自我时间管理能力,在无数次时间管理失败的挫折中寻找借鉴的经历。

这就像煲汤,如果你要想喝到一锅真正美味醇厚的汤,那么需要的不仅是食材、技巧,更需要时间。没有时间的炖煮,就没有真正的美味,急功近利的人只能得到一碗用化学原料勾兑出来的"假汤"。

所以,当我们学习了这么多时间管理的法门之后,一定要记得一件事:学会了技巧并不见得就会省时间,一切省时间的功效都要从花费时间开始。

朋友丽丽正在努力学习古典舞,找到了非常负责任的老师,遇到了很多舞技出众的同学。但是丽丽工作繁忙,既想跳舞,又不想

花费太多的时间练习基本功，于是多次找老师沟通，希望能有"速成之法"。

老师起初不肯，但在丽丽的再三恳求下，同意给她加私教课学"速成"。旁人都是从练习身法，从大胯、小胯、胸腰等各个关节练起，力求练好身体的柔软度和控制力，但丽丽为了"速成"，为了"能够在年会上跳一支像样的舞"，直接从各类技巧下手。

头一个月，丽丽的进度确实比其他学员快，当别人还扶着杆默默踢腿时，她已经能够转上几个漂亮的点步翻身了。但是，半年之后的一次学员会演，丽丽看着视频中的自己欲哭无泪——跳的都是同样一支舞，不知为什么自己的肢体没有神韵，做起动作来总不稳定，看起来像是广场舞大妈，而不是一个专业的舞者。

"因为你没有花费时间，所以身体不给力。"老师告诉她。

这时候，丽丽才意识到：有些时间真的省不得，想要后期快速进步，前期的时间花费是必不可少的。如果想要把最花费时间的阶段跳过去，那也是暂时可以，只不过人生总会给你开一个小小的玩笑，让你把前期省下的时间默默地补上去。

再或者，连补上的机会都不给你。

所以，当我们带领着孩子一同进行时间管理时，一定要摒弃急功近利的心，忘掉那个"学完这个，我就能事事做得快了"的错误观点。

用时间的积累养成良好的习惯，最终会成为一个优秀的时间管理者。

第三步
巩固时间训练，别让你的成果一闪即逝

一、工欲善其事，必先利其器

俗话讲："临阵磨枪，不快也光。"此话虽有些粗，道理却真。自古以来，器物都是我们开展工作、进行学习的好帮手，如果不能够先"利其器"，往往"善其事"就有很大的阻碍。

丁丁同学正在阅读一本英语原版书，虽然这本书的内容不是很难理解，但着实让他费了好大周章。为什么呢？因为书中好多词汇丁丁都不认识。

关于这个问题，老师早就讲过了，说正是要借这些原版名著让大家多学习一些词汇。每一天晚上，丁丁会腾出一个小时的时间阅读，桌上放着原版名著以及一本厚厚的《牛津大词典》，每读几行遇到一个"拦路虎"，然后就抛下原著开始翻词典。

那本红蓝相间的大词典，相信很多人都不陌生，其中的小字密密麻麻，成年人看起来也要头晕，更何况是刚刚开始学习英语的丁丁。有时候，丁丁为了查一个词需要花费 5～10 分钟，查到这个词义之后，已经忘了刚才读到哪儿了。

所以，丁丁爸每天最害怕的事就是听丁丁读书，那种读了一句突然卡住，然后半天不出声的感觉，让丁丁爸感到无比着急。

私下里，丁丁爸向其他家长了解，发现丁丁的同桌嘉嘉同学只

花了两周时间就读完了那本书。让丁丁爸感到意外的是，嘉嘉的英语词汇量并不比丁丁多，为什么她那么快呢？难道是丁丁不用心？

这样的怀疑真是冤枉了丁丁。其实，嘉嘉快速读完一本英文原版书的秘诀在于工具——嘉嘉并未购买实体的英文书，而是购买了亚马逊热门电子书Kindle，将要读的英文书下载下来。

这种电子书的好处就在于，当你遇到不认识的词汇时，只需要轻轻点击一下，电子书就会自动联网查找到词义。嘉嘉在查找生词方面少花费了很多时间，阅读的流畅性也有所提高，当然早丁丁一步完成任务。

这就是工具的力量。

但是，丁丁爸有些不服气，说："电子书自动查词毕竟是旁门左道，我觉得丁丁查纸质的《牛津大词典》才是学习英语的正道。"

诚然如此，丁丁利用字典查找词义虽然速度慢了一些，但培养了使用字典的能力，原则上是应该提倡的。不过需要注意的是：由于丁丁处于初级学习阶段，字典中大量的词汇根本就用不上，他是否有必要抱着那么厚、那么难查的词典咬文嚼字？

如果给丁丁一本更适合于现阶段词汇量的字典，丁丁查词的范围减少了，是不是会更好一些？所以，当孩子即将开始一项行为（无论是学习还是做其他事）之前，应该有一个"利其器"的时间。

在这段时间里，孩子应该思考三个问题：

一是，我是不是需要借助工具？

二是，我需要借助什么样的工具？

三是，我如何能更好地利用这项工具？

当一项任务提出之后，家长可能会习惯性地催着孩子"快去做"。这样的催促，往往将孩子"利其器"的宝贵时间斩断了，不利于时间的管理。比如，丁丁现在要去洗校服，应该给丁丁足够的时间去思考：是手洗还是机洗？衣领太脏，如果手洗的话，哪一种洗衣液更好用一些？

这样的思考存在于孩子生活的各个方面，并渐渐地筑成孩子的基本思维。无论是洗衣服这样的小事，还是写一篇作文、填写一个志愿这样的大事，都应该建立这种"花费该花的时间来思考"的思维方式——接到指令就去做，那是莽汉；三思而后行，才是一个智慧的人应有的行为模式。

此外，不仅要有好的工具，还应该有好的"存放方式"。

丁丁爸发现，丁丁虽然很勤快，但总是在做一些无用功——丁丁每次写作业前都找不到笔，于是花费在找笔上的时间积少成多，令人心疼。如果丁丁每次都能把笔好好地存放在桌面上，就可以省下找笔的时间，用这段时间做一些更有意义的事情。

存物尚且如此，更何况是存下知识呢？现在很多孩子学得快，忘得也快，学后不容易留下痕迹，事后想起来空空如也，只能重新再学。这样的行为是对时间极大的浪费，所以在时间管理的范畴

内，一定要学会优秀的储存方式。

无论是有形的知识——记录在笔记本上，用网盘存下课件；还是无形的知识——在脑海里回顾老师讲过的内容，重读一下今天刚学的古诗，都将对未来的进一步学习产生有益的影响。

有时候，坐着发发呆，想想之前发生的事，确实是有必要的。而这些时间，都是值得花费的。

二、优秀的搭档是成功的一半

正如之前提到，当我们遇到一件突发事件时，是否能够第一时间锁定最关键的人，从而拿出最简明有效的解决方法，是决定效率的重要条件。对于孩子来说，找到最关键的人确实有难度，而找到优秀的搭档却不是一件难事。

人是社会动物，必然会与身边的人产生千丝万缕的联系。遇到困难、解决不了问题时，找一个合适的人帮忙是很重要的。

丁丁爸发现，丁丁不太喜欢找小伙伴帮忙，即使是找了小伙伴，也往往没有找到最合适的那个。

美术老师让大家做"植物画"，要求在画面上画出底图，将收集来的叶子粘贴上去，可以选择单人完成或者两人完成。在老师宣布完这个作业时，嘉嘉就向丁丁伸出了橄榄枝，说："丁丁，你画

第三步
巩固时间训练，别让你的成果一闪即逝

画好，你来画底图，我来收叶子、粘叶子，好不好？"

这本来是一个很友好的提议，但是丁丁出于害羞拒绝了。于是，丁丁选择了单人完成作业的模式，他很快完成了底图，到了粘贴叶子的时候却傻眼了。

一是丁丁忘记了粘叶子的环节，昨天放学后没有及时地摘取叶子，所以没有原材料；二是丁丁缺少搭配和想象的能力，在画面上粘什么种类的叶子，这种选择挺让他为难；三是当丁丁凑齐了所有材料后，因为手笨，弄得画面上全都是胶水，叶子粘得东倒西歪。

不用想也知道，丁丁的作业没有得到老师的好评。而嘉嘉因为和另外一名同学合作，又好又快地完成了作业，成为全班的优秀样本。

诚然，丁丁同学的行为不是不可取，这是一种"知难而进、磨炼短板"的行为。但是，如果丁丁选择独立完成作业的动机并非磨炼自己，而是缺少一种"通过搭配而减少时间损耗"的理念，那就非常可怕了。

家长一定要让孩子知道，人生中会遇到很多事，不是所有事都能通过一个人完成——寻找一个愿意帮助你的人，寻找一个能够更好帮助你的人，是成为人生赢家的重要条件之一。

三国时的刘备，武力智力都不算高，但因为有五虎将和诸葛亮的帮助，也能三分天下；明朝开国皇帝朱元璋，虽然有一颗为天下百姓谋幸福的决心，但如果没有刘伯温、徐达、常遇春等人的帮助，

又怎么能在南京城内筑起那三十六丈高的城墙？

所以，时间管理不是一个人的事，也不是一个人坐在屋里随便想想就能够完成的。这就需要你用足够的时间投入到人际关系的视野中去，找到可以帮你节省时间的那个人，用最少的精力取得最大的效益，并在这种合作当中，逐渐摸索到这个世界的成功法门。

三、有舍才有得，找出你要放弃的事情

面对时间管理，家长常有这样的误区：之所以这么努力地学习时间管理，就是为了做更多的事情。

我们努力地管理时间，确实是为了能够最大化地利用时间，不浪费时间，但这并不等于我们要在有限的时间内塞进无限要做的事情。凡事"有舍才有得"，无论采用多么优秀的时间管理方法，只要你不能够适当取舍，最终可能会走向失败。

我曾度过一个"黑色十二月"。那个月，我连接了两部书稿，接了两本杂志的年终约稿，单位年终汇报又已经临近，某专栏想要开新的栏目，这些全都是文字工作，也全都是我乐于接受的工作。

当时，我怀着一种"人有多大胆，地有多大产"的激进心理，一股脑儿地承接了所有的工作，并给自己备下了大量的双氯芬酸钠贴，以应付随时会犯病的颈椎。结果呢？即使我动用了自己所

掌握的所有时间管理方法，也无法把所有的文字工作高质量地完成——不仅自己累得半死不活，杂志社编辑也对新交上来的文稿不满意，表示："质量下降了不少啊。"

对此，我非常抱歉，也充分意识到，并不是你努力了就可以做完所有事情，再好的时间管理也不能让你成为一个无限容纳的大海——再说了，大海也是不能无限容纳的。所以，家长一定要教会孩子懂得舍弃，虽然这非常困难。

孩子处在一个探索阶段，对于世界上所有新鲜事物都有强烈的占有欲。比如，看到了两个不同款式的布娃娃，孩子往往更希望全都买回家，而不是根据自己的实际情况挑选一个。这是人性使然，无可厚非，但是面对人生要完成的那么多事，孩子一定要学会选择。

丁丁就面临这样的选择。最近的业余课业时间，他不仅要读课外读物，还要去学游泳、学击剑，而且丁丁爸还担心丁丁遗传了自己的五音不全，就报了一个声乐班，希望以后天之力补先天不足。这几门课学下来，丁丁吃不消，累感冒了。

这时候，丁丁爸才意识到：自己对孩子的要求太高了，无论制作多么漂亮的时间表，无论帮丁丁如何规划时间重合利用法，做不完就是做不完。

怎么办呢？这时候就得取舍。

经过全家的讨论，又充分参考了丁丁的意见，大家同意把丁丁最不喜欢的声乐课由原来的一周一次改为两周一次。而游泳和击剑

都属于体力运动，丁丁决定坚持游泳，放弃击剑。

经过调整之后，丁丁的时间表看起来健康多了。由于任务量适中，每周丁丁都能够圆满地完成学习任务，成就感爆表。原来还担心"是不是遇到挫折就太容易妥协"的丁丁爸，也觉得这次取舍是有益的，毕竟，很多事不急在一时，丁丁需要幸福的生活。

有舍，才能有得。科学地舍，才能有格外幸福的得。

四、要知道，有些时间无法替代

前几天，我的写作效率极低，熬夜后一上班就哈欠连天。同事问我："你去搬砖了还是扛麻袋去了，怎么累成这个样子？"其实，我什么体力活也没干，我犯的只是当下年轻人最容易犯的错误——晚上不早睡，早晨起不来。

现代人的生活压力很大，半夜那段安静时分弥足珍贵。于是，当下很多人都秉承着"熬夜一时爽，一直熬夜一直爽"的理念，即使困得半死不活，也要坚持熬夜。

关于熬夜，我真的对其深恶痛绝——每个爬不起来的早晨，都恨不得抽自己几个耳光，发誓今晚一定要早睡。但当夜晚来临，我的誓言就随着太阳飘到地球的另外一边去了，选择了"继续熬夜继续爽"的生活方式。

但是，有些时间是不可替代的，当你错过了就没有办法再弥

第三步
巩固时间训练，别让你的成果一闪即逝

补，花多长时间也没有用。就像我，晚上经常在12点以后睡觉，那么次日必然没有精神，午睡也帮不了多大忙，整个人处在一种不能高效工作的萎靡状态里，一天都会被毁掉。

也许会有人说："工作日我不熬夜，那我可以周末熬夜，因为第二天可以补觉。"

啊哈，你太天真了！

科学研究表明，绝大多数"次日补觉"族都不能真正给身体和大脑以休息，你觉得白天总是在补觉，但在环境与生物钟的综合影响下，有效的睡眠时间只有66分钟。而这66分钟，依旧无法弥补整夜不睡对身体带来的损耗以及对生物钟造成的不良影响。

讲这么多，其实想要告诉大家的是：如果孩子没能在白天时段完成相应的任务，是不是可以熬夜做呢？我要告诉大家的是，坚决不可以！

早在第一章时我就提出，让孩子意识到每一天都是新的开始，跟前一天既有承接关系，也有新的发展。如果头一天的任务未完成而进行了破坏性的熬夜，那么将直接影响到第二天的所有学习效率，从而使两个时间单位粘在一起，无法斩断。

丁丁昨晚熬夜了，今天早晨起来就困困的。到了晚上，丁丁说："爸爸，今天的英语我就不读了，昨天毕竟熬夜了嘛，我实在太困了，注意力集中不了，明天再做吧。"你看，在这段话里，丁丁因为昨天熬夜的影响，直接缩水了今天的任务，两天混成了一天，时

间单位的粘接使更多的精力被占用了。

　　所以，有些时间不可替代——这是必须要给孩子明确的一种观念。正如赶火车，火车马上要开了，这时候丁丁想要吃一个水果，怎么办？只能选择先上火车，再吃水果。因为上了火车还可以吃到水果，如果丁丁坐在候车室里静静地吃水果，那火车不会等人，错过了就不会再来。

　　时间没有想象中的那么公平，也不是一成不变的，总有一些时间格外宝贵，有些时间相对包容性更强。正如睡觉这回事，不可替代，关系身心，无论头一天的时间表完成得如何，早睡早起一定要坚持。这是我们保持良好的时间管理的基础条件。

章后语

　　到这一章结束，我们的"时间管理三步走"基本结束了。回顾学过的内容，我们走了一条先意识后实践再意识的科学道路。先最大限度地理清儿童的时间观念，之后进行表格化科学操作，最后用一系列的培训和理念来巩固效果。

　　但是，"三步走"只能让我们顺利地"走起来"，要想"走得远"，家长要在自己的身上多下一些功夫，这部分的内容将在下一章中详述。

心理辅助方法：
父母是孩子的时间标杆

时间管理不是一个人的事，也不是一个人坐在屋里随便想想就能够完成的。这就需要你用足够的时间投入到人际关系的视野中去，找到可以帮你节省时间的那个人，用最少的精力取得最大的效益，并在这种合作当中，逐渐摸索到这个世界的成功法门。

做孩子时间管理的榜样

现在,让我们来回顾一下前几章的内容。

要想让孩子能够顺利地进行自我时间管理,这需要科学的规划、心理学的引导以及教育学上的小技巧。所以,一开始,我们先梳理和明确了对时间的观念,矫正了长久以来家长及孩子对时间的错误认识,之后就采取实际的步法,编排任务清单,编制时间管理表格,并学会了在应用表格时所必需的一些时间管理小常识。

我相信,会有一些家长读到此处就放下了这本书,认为大功告成了。每个人对知识的学习都有一种"即见抛弃性",也就是说,当你初次接触一个完全不懂的知识领域时,会对这一领域产生好奇,并萌生"我一定要好好学"的想法。这时候,你充满了热情,学习能力是满格的,学习效率也极高。

当你学习入了门,可以初步掌握之后,就会产生一种"哦,就是这样啊,我大概知道了"的感觉,对已经初有了解的知识产生鄙视感,从而降低了学习兴趣,或者干脆就不学了。

我有个朋友是古琴老师，业余时间她教了多位女性进行古琴演奏，但是真正学成者一位也没有。她说，几乎每一位学员身上都上演了"即见抛弃性"——初来学古琴时，每人即怀着对这一古典乐器的好奇，又怀着一无所知的崇拜，所以极为认真。

当学员简单地学会一两首曲子，可以坐下来像模像样地弹几分钟后，学习的兴趣就骤然降低了，因为在她们看来，自己已经"入门了、学会了、可以弹了"。

失去敬畏之心后，学习的能力自然就会下降。然而，对于一个古琴学习者来说，学习才刚刚开始——很多人在即将翻过山坡的时候，就误以为自己已经到达了目的地，于是满意地下山了。山坡那一边的彩虹，终究是没有看到。

所以，家长朋友们，如果你读到此处还是没有所得，很有可能就把书本一丢，再也不理；如果你读了此书已经颇有心得，你还是可能会将书本一丢，怀着"这本书讲的我都会了"的心态，从此不再理睬此书。写这段的用意就是：我们虽然已经完成了儿童时间管理法的前两步，但是第三步同样重要，不能忽视。

这一步的重点就在于：如何让我们已经学会的时间管理方法可持续地发展。

任何一种好的行为，如果不能坚持下去成为习惯，终是无用的。正如锻炼身体，无论你把自己累成什么样子，做了多么艰难的运动，

如果一年只做一次，那对肌肉与形体也没有什么用处，还不如干脆不要做，让自己开心一点。

同样，时间管理的方法学成之后，如果想要坚持下去，内化成为孩子一生的习惯，需要很多方面的配合。这种配合不仅在于孩子本身，也在于家长自己。

作为家长，就要做好时间管理的榜样。

现如今，许多学校采取了"家长和孩子同学制"，把孩子的教育责任转嫁到家长身上，要求家长跟老师一起管孩子。

虽然这种教育方法让很多家长苦不堪言，其真正的合理性也有待商榷，但不可否认的是，孩子最易从家长身上习得行为习惯——爱说脏话的家长，很难教出彬彬有礼的孩子；懒惰的家长，很难教出勤奋的少年；视文化为无物的家长，更是难以教出一个尊重知识与文化的优秀青年。

所以，这一章的重点就是，家长要对孩子的时间管理进行配合。这时候，就会有家长问："我怎么配合？我工作很忙，真的没有空，我又不能陪着他上课、陪着他写作业，不能天天跟在他屁股后面转啊。"

"陪伴"固然是一种良好的亲子方式，却不是唯一的亲子方式。

很多家长误会了对孩子"言传身教"的意思，以为紧紧地盯着就是一种好的教育方法。其实，想要孩子多学一些家长身上的长处，潜移默化的影响就足够完成。这种影响在远距离里也可以发挥作用，并不需要24小时黏在一起。

我的一位博士师妹陈菲，从小跟爷爷奶奶住在一起，与父母的接触并不算多。按照现在教育领域流行的理论，被爷爷奶奶带大的孩子没出息——但是，陈菲的优秀显然是对这一理论的有力反驳。

陈菲说，虽然她是由爷爷奶奶培养长大的，但作为大学教授的父母却给了她许多影响。

"你们都没有生活在一起，这种影响是怎么产生的呢？"我疑惑不已。

"产生的渠道有很多，为什么非得生活在一起？"陈菲说，父母给自己的影响首先在于榜样的力量。

陈菲虽然不能天天跟父母见面，却经常看到学刊、校刊、报纸上有关于父母的报道。每一次，陈菲都会把这些内容小心地剪下来粘到小本子里，自豪地告诉自己："这是我的爸爸妈妈，我是他们的女儿。"这种自豪感，使她从小就认定自己会成为一个优秀的人。

你看，这种影响，并非其父母耳提面命所产生的。

其次，父母的影响还在于细节。

小时候，每年寒暑假陈菲都会到父母那里去住。由于大学教师的课题多、论文压力大，所以，父母很少有机会给陈菲讲大道理。陈菲家里最常见的生活模式就是：下班后，父母都在书桌前看资料，而她坐在书房的角落里写作业。

起初，陈菲希望爸妈陪自己看看动画片，或出去玩，但是后来

她也习惯了接受这种和谐的学习氛围，安心地寻找一本自己喜欢的书来读。陈菲说，她记得自己曾用半个暑假读完了《巴黎圣母院》《三个火枪手》和《复活》，对于一个小学生来说，这是非常了不起的成绩了。

最后，也是最关键的，父母对孩子的影响还在于价值观。

陈菲说，虽然父母不能常陪伴自己，但他们的价值观却始终影响着自己。父母经常对她说："你玩了一天，现在还要看动画片，不觉得生命被浪费了吗？"这可能是父母对陈菲说过的最重的一句话，所以至今她都记得。

陈菲记得，自己曾看动画片看得昏天黑地，不好好吃饭，也不好好睡觉，到了晚上全身都难受。这时候，父母并没有打她，也没有说什么"作业做不完，老师会批评你"之类的威胁语，而是淡淡的一句点醒话语。

长大以后陈菲才知道，这就是父母的价值观，他们始终坚持利用好每一分每一秒，绝不浪费自己的生命。

所以，父母对孩子的影响是巨大的，其产生作用的范围也比我们想象的要广泛。不过，说到这里还是会有家长提出疑问："怪了，我家孩子并不怎么听我的，你这个师妹陈菲小时候是不是格外听话的那种孩子啊？"

陈菲诚然是个比较省心的孩子，但我还是要不客气地说一句：

"当孩子不视你为权威时,不仅要从孩子的性格上找原因,还要从自己身上挖掘根源。"

孩子有学习优秀者的本能,请父母注意观察——在七八岁以前,孩子都倾向于找比自己大的孩子玩,而不是找比自己小的、不懂事的小孩子玩。因为在他心目中,大孩子更厉害、更优秀,他喜欢更厉害的人。

同样,如果在孩子心中,自己的父母就是最优秀、最成功的,他就会自然地吸收父母身上一系列好的东西。

张爱玲小的时候,父母离异,她长期与父亲生活在一起,只偶尔到母亲和姑姑那里去玩。但是她敏锐地感知到,会滑冰、会外文、会画画的母亲才是新时代的潮流,而那个只会歪在床榻上抽大烟、饭后只会吟几句八股文的父亲却是时代落后的代表。所以,张爱玲更易听进母亲的话,会下意识地学母亲弹琴,模仿母亲的穿衣,学习一切可以学习母亲的地方。

总之,父母切不可忽视自己对孩子的影响,更要通过提高自身素质来强化自己对孩子的影响。如果孩子口中出现"我才不要听你的""你凭什么管我"这类希望摆脱你影响的话语,在批评孩子的同时也请想一想:是不是自己的某些行为,让孩子下意识地将父母从"可学习可模仿"的对象中排除出去?

如果真是这样,要立即对自己的日常举动、生活方式、价值观等进行检视,莫等到孩子对父母的坏印象根深蒂固,才发觉一切晚矣。

父母同步时间法

朋友郑妮,省台记者,优秀知识女性,平时最看不得别人虚度光阴,自己总是抓紧一切机会创造价值,提升自我。但就是这么一个优秀女性,她的儿子夏夏却始终没有时间观念。"该写作业的时候玩手指,该练琴的时候用铅笔戳乐谱,该睡觉的时候看动画片,该起床了又在床上发呆,简直气死我了!"

我能体会到郑妮的愤怒和无奈,很多家长也都有这种感觉,觉得孩子真是莫名其妙,完全没有时间的节制与观念——一次次向孩子强调"时光不待人",收获的却是孩子一双无辜的大眼睛。

我一边劝郑妮不要生气,一边将制定时间表的方法讲解给她听。郑妮如获至宝,认为必然有效,立即捧回去实验。

三周之后,郑妮再次出现在我家,垂头丧气,甚至带了点愤懑的情绪:"我试了你给我的时间表,没用!我可全都按照你说的来做,那个表格插有图片,内容又充实,而且也有明确的目的,还是没有用。"

"夏夏不喜欢吗？"

"夏夏喜欢啊。"

"那是夏夏不配合吗？"

"夏夏也配合，乐意按照这个做，就是根本坚持不下来！"

我急忙向郑妮询问原因，才发现是"三步走"出了问题。郑妮按照第一步的要求，找出了夏夏的时间盲区，归纳了应该突破的时间界限。按照第二步的方法制定了合理的时间表，也得了孩子的认可和配合。但是第三步，郑妮没有推进，导致夏夏停留在第二步，时间管理只能开始，不能坚持。

到底如何才能把第三步稳稳地迈出去呢？这其中有很多因素限制着孩子。通过我与郑妮的长谈，发现在夏夏的事例里，这个限制因素居然就是郑妮自己。

原来，郑妮虽然给夏夏制定了非常科学的时间表，早睡早起，劳逸结合，但是郑妮本人的时间表却与夏夏的完全相反。比如，周末的早晨，夏夏应该7点起床开始学习，但是郑妮却在呼呼大睡，夏夏爬到妈妈的床上，发现妈妈睡得正香，于是就蜷在妈妈身边，跟着睡了一个回笼觉。等他再睁开眼睛时，已经日上三竿，一上午就过去了。

等到晚上，夏夏应该早早睡觉长身体。作为记者，郑妮却开始了紧锣密鼓的工作，几个手机同时响个不停，家里四处回荡着她"好的，没有问题""这件事一定要抓紧""今晚通稿不出来就别想睡觉"

这样的经典句子。

夏夏原本的困意烟消云散，反而跟着妈妈的工作状态兴奋起来，扑在电脑前看动画片，说什么也不肯睡觉。

我对郑妮说："你的时间表和夏夏的时间表产生了冲突，而孩子相对弱势，就被你干扰了。"

听完这个结论，郑妮瞠目结舌："我干扰了孩子？不可能吧？我可是非常优秀的时间管理者啊，我自己的工作效率相当高的！"

然而，事实就是这么无情，夏夏确实被妈妈干扰了。

其实，像郑妮这样的情况并不少见，甚至可以说是绝大多数家庭都存在类似的问题。家长对孩子寄予厚望，总是希望孩子按时做这做那，却从来没有想过："我自己能做到吗？"

如果你做不到，却用来要求孩子，是不是太苛刻了？

郑妮属于有情可原的事例，毕竟她的工作特殊，只能熬夜、晚起。而有些家长却纯粹是因为自己懒，没有自制力，却一味强迫孩子按照理想状态行事。

我的同学婷婷，工作很轻松，平时的生活也比较爱舒服，最大的爱好就是躺在床上刷手机，迷上抖音以后情况更甚。她按照我推荐的方法给孩子制定了学习英语的时间表，可当孩子在书房里学习的时候，她躺在床上刷抖音哈哈大笑，她的笑声孩子全都能听到。这时候，孩子会怎么想？

心理辅助方法：
父母是孩子的时间标杆

"我要好好学习，我要完成时间表上的任务，我要做一个好宝宝。"如果孩子依旧这样认为，那就真的是天赋异禀了。绝大多数情况下，孩子都会受到吸引，内心深处会产生"为什么周末妈妈玩得那么开心，而我这么辛苦学习"的抵触情绪，从而就放弃了对时间表的坚持。

是孩子错了吗？是时间表错了吗？

不，错就错在家长没有成为孩子的时间标杆。在一个家庭里，家长要起到引导家庭氛围的重要作用，如果家长全都在散漫地玩耍，要求孩子独自绷紧了弦学习，推进时间管理法的阻力会非常大。

那么，婷婷就会问："孩子在学习，可我没有学习任务，难道我还得跟着他一起学习？好不容易过个周末，我也得放松啊！"

没错，家长确实需要放松，但孩子也确实需要一个能够推进时间管理法的氛围，如何解决这个问题呢？

这里我们需要引用一个方法：父母同步时间法。

一、划分家庭的时间区域

我们细心观察就会发现，一天 24 个小时，每个时间段都会有工作主题。举例来说，在单位里，每到中午 12：00—14：00 期间，即使没有明确的休息意图，职员的状态也会偏向安静、少言、避免打扰别人的方向发展。这是因为大家潜意识里认为这个时间段是午休

时间，即使自己不睡觉，也尽量不要过度地吵闹。

这种现象的形成得益于习惯，而在形成习惯之前，还涉及到了一个时间区域划分的问题。

比如周六的下午，妈妈和朋友出去逛街，爸爸在打游戏，那么在孩子心中，这个时间区域就是一个休闲的时间区域。在这个区域里学习，孩子会充满抵触情绪，即使强行坐在书桌前，心也早就飘到公园里去了。

如果在这个下午，妈妈做家务，爸爸在整理业务资料，孩子虽然知道爸妈并非像他一样坐在书桌前学习，至少这个下午不是一个玩乐的下午，而是一个按部就班、各司其职的下午，那么他坐下来学习时，内心就很平和，效率也会提高。

所以，父母同步时间法的第一步，就是要划分出合理的时间区域。

周末，丁丁需要写作业、学国画，还想去游乐场玩一会儿；丁丁妈想要逛街买化妆品，整理一周的衣服，做一顿大餐，再追几集美剧；丁丁爸想约好朋友打几局麻将，给阳台做一个花架，玩玩手机放松一下。

那么，这一家人的周末最好划分成三个区域：

1. 工作区

2. 外出区

3. 休闲区

工作区，放置的是要在家里完成、需要一定时间长度的任务。比如丁丁要写作业，妈妈要整理衣服，准备烤箱食材，而爸爸要给阳台做个花架。

外出区，放置的是需要外出、占用一定时间但可以同步进行的几项工作。比如丁丁要出去学国画，在这期间，妈妈就可以在丁丁国画课附近逛街，爸爸可以找一个星巴克玩玩手机。

休闲区，这个时间区域是最令人快乐的，可以放置所有放松心情的工作。比如丁丁要去游乐场，那么全家都处在一种欢乐的状态里，这时候任何一个人再做工作之类的事情就不合时宜；再比如妈妈要看美剧，这时候爸爸就可以去跟朋友打麻将，而丁丁也可以出去找小朋友玩，都可以达到休闲的目的。

按照这样分区安排周末工作，当丁丁同学处在"工作区"时，发现爸妈也都在工作，就会内心平静；当丁丁同学处在"休闲区"的时候，看到爸妈也都在玩，就会更加放松，玩得更加开心。

二、努力实现作息同步

有很多孩子不能按时上床睡觉，即使躺到了床上，过一会儿还是会爬起来，光着脚丫跑到爸妈的屋里，看看爸妈在干什么。这时候，家长可能会斥责孩子，却没有想过——孩子之所以睡不着，是为什么？

是因为在他心目中，爸妈是最重要的玩伴，而爸妈还醒着呢！

作息同步，对家长来说是很大的挑战。很多家长都表示，只有孩子睡了、自己洗漱完毕躺在床上时，才感觉到身心实现了真正的放松。如果要求家长跟孩子一起睡觉，不能再玩手机，不能夫妻夜话，那家长恐怕都会很难受。

作息不同步就会影响孩子，作息同步又会影响家长，这怎么办？

原则上讲，我推荐家长始终实现作息同步，毕竟早睡早起对身体有益，为了孩子睡后的放松而熬夜，本身就是对健康的不负责任。如果实在做不到，就需要家长对孩子说明妈妈（爸爸）为什么还不睡。比如：

孩子你要先睡，妈妈要晚一点了。因为回家之后妈妈一直在做家务，都没有时间跟朋友联系呢。

妈妈还有工作要忙，看妈妈多可怜啊，不能像你一样早早就钻被窝里，不完成工作是要被领导批评的哦。

你先睡吧，爸爸和妈妈还有话要讲，悄悄话不能告诉你的。

其实，绝大多数孩子都能够接受家长不与孩子同步作息的理由，但是绝大多数家长都不愿意跟孩子详细说明，而是粗暴地要求"快去睡"，或者大吼："我们是大人，小孩子能和大人比吗？"这些都会极大地伤害孩子的感情，从而导致孩子更不想睡觉。

三、尽量用工作情绪感染孩子

郑妮曾给我举过一个事例。某次她要紧急出一篇重要的新闻通稿，回家之后就对夏夏说："你自己写作业，妈妈有很重要的工作要做，今晚必须完成。"

当时，郑妮严肃的表情影响到了夏夏，夏夏立即坐在书桌前埋头写作业。郑妮家只有一个书房，所以她就趴在夏夏的左前方完成通稿，在这期间，母子二人谁也没有多说一句话。

事后郑妮发现，当天夏夏写作业的效率和质量都大幅度提高，而且没有出现"妈妈，你来帮我看看这道题，我真的不会做"的情况。

这是因为，郑妮的工作情绪感染到了孩子，从而无形中提高了孩子的学习效率。

孩子情绪上的波动敏感性远远高过成年人，从而比成年人更易受到感染。比如，一对夫妻在孩子放学前吵架了，孩子放学回家之后，即使没有听到父母的任何一句争吵，也会敏锐地感觉到父母关系的不对劲——这种感觉不同于成年人的察言观色，而是一种纯粹情绪上的受感染。

同理，当郑妮进入紧急工作状态时，夏夏也立即受到了感染，得到了心理暗示："啊！妈妈在做重要的工作，我也要做作业了，妈妈很忙我不能打扰她，有什么问题我自己解决吧，我也要像妈妈

一样努力才能够很快把作业写好。"

你看，在这种积极情绪的影响下，夏夏很快完成了当天的作业。

这个事例给了我们启示：如果想要孩子高效地完成作业，严格做好时间管理，家长给孩子营造的气氛非常重要。比如陪伴孩子写作业，这是很多家长都会做的事情，但是陪伴与陪伴之间存在很大差异——有的家长就是来盯着孩子写作业的，孩子一走神，家长的巴掌就拍上去了，孩子就像被监视的苦役犯；有的家长只是来点软的，只要孩子在写作业就行，自己坐在一边玩手机；还有的家长就是来当老师的，孩子每做一道题都要进行点评，孩子做题的速度稍微慢了一点儿，就急匆匆地给孩子讲解答案，不给孩子留任何思考的余地。

这些做法都是错误的，甚至可以说是有害的。

我认为，为了更好地完成孩子的时间管理，下次陪伴孩子写作业时，不妨采取这种模式：家长与孩子同室，但并不坐在孩子身边，家长也找一项需要专注与耐心的工作来完成——比如整理材料、录入会议记录等，如果实在没有工作内容来做，也可以找一本学术书，一边看一边做笔记。重要的是，给孩子营造一种学习的气氛，一种安静工作、不被打扰、每个人都有其使命的积极情绪，孩子往往更容易投入到学习中，更高效、高质量地完成功课。

说到底，想要孩子在规定的时间内认真学习、好好成长，家长也必然要有同成长、同进步的决心。

必不可少的亲子环节：任务评价

生活很复杂，复杂到我们无法预测；生活也很简单，简单到每天的内容日复一日，重复性极高。在这么一个矛盾的生活范畴内，我们要怎么评判自己的行为，如何知道自己做得好还是不好呢？

上学的时候，学习成绩的好坏由老师判卷打分；上班之后，工作业绩的好坏由老板评价奖励；恋爱时，爱人的心意我们可以用眼神确认。可是生活中呢？生活当中，谁来评价我们？

当孩子离开校园，回归家庭，他们的评判者是谁？

当然是家长。所以，每个家长都要做好成为一个"评价者"的准备，不仅能够正确评价自己的生活，还要调整好在孩子时间管理过程中的站位——家长既是导师，又是战友，更是评价的公正标准。

一、评价的事情只有一个主题

我曾经遇到这样一对家长,他们都是有知识、有文化的人,很讲究教育方法,也知道切不可对孩子施以粗暴言行,所以他们认真斟酌后,对孩子的评价往往以这种方式呈现:

"你这次数学考得挺不错的,妈妈很欣慰。但是,你看语文为什么考成这样呢?你之前的语文成绩不止这个分数的,你可以更好的,对不对?你好好想想是怎么回事。"

"今天的英语补习老师表扬你了,爸爸很高兴。但是你看,下午的游泳课如果能像英语课那么认真,是不是就更好?你今天上游泳课的时候跟小朋友打闹了吧?多危险啊,小朋友都呛水了,你现在想想,后悔不后悔?"

"嗯,长高了,挺棒的。但是你要注意啊,这半年你不仅长高了,还长胖了。虽然现在你还在长身体,谈减肥有点早,但你要注意不能让自己胖起来,太胖了就很难减掉。"

…………

乍一看这些话都没有什么问题,分析后却不难发现,每一段评价都是"转折句"式——当孩子听到前半部分的表扬之后,还没来得及酝酿出喜悦的心情,家长的评价就立即转折至批评环节,当头一盆冷水浇下来。

这对家长一直认为自己的谈话很有技巧，充分照顾了孩子的情绪——每次都先肯定了孩子的成绩，然后才说不足，简直是辩证法的灵活运用。

类似的评价很多孩子都听过，很多家长也确实习惯于这么说，并认为言之有理。然而，孩子并不开心，甚至会感到格外沮丧。每个孩子都渴望得到肯定，都希望在成长过程中有一个公正而温暖的观众，所以他会努力地做好每一件事。当他努力完成的事件只得到了小小的表扬，随后就转入了批评，这是一种什么样的心情呢？

浇冷水不可怕，可怕的是，当孩子刚感觉到全身热乎乎的时候突然浇上冷水，这种刺激更加强烈。

家长都有"这山望着那山高"的毛病。当孩子身体不舒服的时候，希望孩子只要健康就行了；一旦孩子恢复了健康，就希望孩子学习成绩好，将来有出息；如果孩子学习成绩很不错，又希望孩子多才多艺，接人待物有条理……永远都有一个更高的标准等待着孩子，这也就决定了孩子无论多么努力都无法达到最后的目标。

那么，是不是"高目标"会促使孩子不断向前呢？未必如此。

国外曾有这样的研究，将一个班的孩子随机分为两组进行智商测试，无论结果如何，有一组孩子被悄悄告知："你在某方面有特殊天赋，智商过人。"另外一组则被告知："智商合格，仅此而已。"

"天才组"受到了强烈的心理暗示，多年以后成才比例大大增加。而"合格组"没有得到积极的肯定，所以"泯然众人者"居多。

这就是心理暗示的力量,也是高目标的产能。

家长的每一次评价都是对孩子的心理暗示,所以像"你这次数学考得挺不错的,妈妈很欣慰。但是,你看语文为什么考成这样呢"之类的评价起不到积极的暗示作用,反倒抹杀了孩子取得已有成绩的喜悦。时间长了,孩子对好好学数学的兴趣也失去了,因为他觉得:"即使数学考得很不错,那又能怎么样,反正也得不到表扬。"

失去学习动力的孩子,比天赋差劲的孩子更难拯救。所以,家长评价孩子时切忌采取"这个做好了,另外一个没有做好"的模式,每一次的评价请采用"单一主题"。比如,今天要求孩子写作业,孩子认真地完成了,那么就给予他肯定,表扬他:"严格按照时间安排把作业写好了,真不错。"至于孩子在写作业期间多吃了两个冰淇淋这件事,放在下一主题当中谈论。

主题的明确,有助于给孩子足够的时间及思想空间去享受喜悦:"哇,我今天完全按照时间表做的,我把作业全都按时写完了。"

人性是复杂的,但孩子的天性是简单的,他不仅能又学又玩,还能又哭又笑,他需要循序渐进,需要感知每一种纯粹的情绪。所以,家长不仅要经常对孩子的行为做出评价,更要科学评价。

每一次评价,都要确定主题与重点,言语简单,内容直白,切忌不要长篇大论、面面俱到。别让孩子在你周而复始、贪欲不足的评价里忙乱摇摆,丧失信心。

二、灵活把握评价标准

最近,冬冬同学进入了一个狂躁阶段。妈妈发现,冬冬经常在屋里乱跑,拿了这个忘了那个,抱着这个撞倒了那个。

细心观察,很多孩子都出现过类似的情况,尤其是处于成长期、刚刚进行时间管理培训的孩子,特别容易出现此类情况。

妈妈说:"你去把作业拿来我检查一下,然后再去厨房倒一杯水,现在天气热多喝水。"冬冬往往会抱着作业本跑进厨房,然后端着水杯、抱着作业本一路奔来,因为不具备同时拿着水杯与作业本的能力,所以水洒在作业本上,作业本掉在地上,一塌糊涂。

为什么会这样?是孩子多动症了?还是孩子的智力出了问题?

不见得。导致这种情况产生的原因有很多种,其中常见的一种就是:你的孩子总想要更快。

孩子经常听到家长的催促:"快点!速度点!麻利点!"这些话语潜移默化地改变了孩子对既定时间的认知。如果从卧室走到书房需要10秒钟,他会想当然地认为利用3秒钟跑过去会更好;如果同时取用两件物品需要花费1分钟,他会在家长的一再催促下,力求一次性拿两件物品从而节省掉半分钟。

因为孩子没有快速做事的能力,却徒有加快动作的心,所以经

常会犯错，并呈现一种狂躁的状态。

在对孩子进行时间管理能力评价时，家长最常用的一组词是"快、慢"。比如说这件事做得好，家长就会表扬孩子："今天作业写得真快！"比如批评孩子这事做得不怎么样，家长就会说："你怎么那么慢啊！"

快、慢，本是中性词，但随着社会压力的增大以及生活节奏的加快，似乎越快就是越好的，越慢的就是越不好的。如果家长长期采用这样简单的标准来评价孩子，就会使孩子对时间产生偏颇的认识，其副作用可想而知。

那么，到底如何来评价快与慢的优劣呢？

我同事的孩子苗苗，目前正在学画画，每天都会认真地画一幅。巧得很，邻居家的女孩也在学画画，但她每天可以画出四五幅。这时候，如果家长盲目地嫌弃苗苗画得慢，催促苗苗："怎么不像人家一样，多画几幅，你看你做事多不利落！"那么，这会大大地打击苗苗对画画的热爱。

家长应该看到的是，苗苗虽然画得慢，但是每一次落笔都是她经过深思熟虑的，每一次完善画面都力求精益求精。

有天下班坐地铁回家，我遇到一个梳着马尾辫的女生和同学一起坐地铁。走到地铁闸机前，别的同学已经早早地把公交卡拿在手里，但是马尾辫女生临时打开书包，站在人来人往的闸机前找公交卡。

其他同学倒也不着急，都过了闸机静静地等着这个马尾辫女生。因为没有人抱怨，这个马尾辫女生在慢吞吞地找，几乎把全身每个口袋都掏遍，然后翻书包，才找到了那张公交卡。

这时，我真想冲过去跟她说："姑娘，你为什么要比别人慢这么多？做事情不能有点计划性吗？"

你看，同样都是慢，评价却完全不一样。我欣赏苗苗的慢，甚至希望她能够画得更慢一些；但我不喜欢这个马尾辫女生的慢，我认为这件小事反映了该女生处理问题的能力，她在人生其他方面也不见得能做得更好。

说到底，评价快与慢的标准是——是否把时间花费在值得做的事情上。

表面看来，苗苗画画速度慢，但是每一分钟她都用在了思考和提高上，这样的绘画过程远比邻居家女孩随便描几笔就交差要好得多；而马尾辫女生不能像其他同学一样早早把公交卡拿在手里，按时通过闸机，引得大家一起苦等，这就是时间管理的失误，把时间浪费在不会调配而导致了行为失误。

因此，家长在评价孩子的快与慢时，一定不要被表面标准所迷惑，要知道什么速度才是合适的，孩子是否按照合适的速度推进自己的行为，更要知道在什么事情上值得多费心思与时间。

利用碎片时间，事半功倍

　　计算机领域有一个术语叫作"磁盘碎片整理"，经常进行磁盘的碎片清理，可以提升电脑硬盘的使用效率。很多朋友都使用过这项功能，在整理之后对腾出来的空间大为吃惊——那些小小的碎片，居然占据了这么多的空间！

　　细微之处往往决定着胜败，不仅因为细微之处可以积少成多，更因为只有少数人才能注意细微，从而更易拉开人与人之间的距离：

　　所有的面试者都能够做到侃侃而谈，落落大方，仅有一名面试者注意到了地上的纸屑，小心地拾起来放到垃圾桶，他就成功了；

　　所有的歌唱家都能够歌声嘹亮，只有一人能在演唱时注意结尾的颤音，于是他的歌声带给了听众更多的感动；

　　所有的服装店老板都努力让自己的货物质美价廉，只有一位老板在腰带的扣结上多下心思，于是更多的顾客被他的用心所征服，纷纷购买；

　　同样，所有的孩子都知道要努力学习，珍惜时间，不开小差。

当某些孩子学会利用碎片时间后，将在时间上的获得感远远超越其他人。

到底什么才是碎片时间呢？我们还以上文提到的丁丁同学为例。丁丁开始上作文补习班了，他的热情很高，作文成绩也有进步，按理说这是一件好事，但丁丁爸却有点发愁。

为什么呢？因为通过周末补习班的接触，丁丁爸发现：丁丁和同桌嘉嘉在利用时间方面存在不小的差距，而这种差距直接决定了嘉嘉的进步远快于丁丁。

举几个小事例，大家就能明白丁丁爸的焦虑：

1. 等公交车

每次上下课都有必不可少坐公交车的环节，有时候两个孩子会笑闹成一团，发泄精力，但总有那么几天时间，孩子们都比较安静。

此时，丁丁就会向老爸借过手机，刷起抖音，笑得前仰后合。而嘉嘉同学呢？她会静静地掏出老师布置的古诗背诵作业，然后在车上喃喃自语。等到下车的时候，丁丁意犹未尽地交还手机，而嘉嘉已经完成背诵作业了。

2. 等开门

有时候丁丁和嘉嘉会先于老师到教室，此时教室门还没有开，早到的孩子都站在门口等。通常情况下，孩子都玩玩闹闹打发时间——丁丁会站在教室门口发呆，或者撕着衣角的线头，好像那是全世界最好玩的东西。而嘉嘉则会立起脚尖到处走。

有一次，丁丁爸问："嘉嘉，你这样走是在干什么呢？"嘉嘉说："妈妈说我有点胖，让我抓紧一切时间活动一下，听说用脚尖走路最瘦腿啦！"

听了这话，丁丁爸惭愧不已。因为丁丁爸和丁丁都是微胖，但谁也没想到利用这点时间瘦一瘦自己的腿。

3. 等放学

离下课还有 5 分钟，所有的孩子都处于亢奋阶段，就连等在教室外的家长也是蠢蠢欲动。丁丁爸掏出手机搜大众点评，琢磨一会儿带儿子去哪里吃晚饭。丁丁似乎也感受到了老爸的用意，兴奋地频频回头朝老爸打招呼。

这时候，嘉嘉静静地坐在位置上，留下一支笔和一本字帖，其他文具全都装进书包，然后静静地描字帖。丁丁爸透过窗子看到，嘉嘉在临近下课的这 5 分钟里描完了三行字，一页字帖是 9 行字，也就是说，她已经完成了三分之一。

嘉嘉的这本小字帖，几乎都是在这种情况下完成的。

两个孩子一起肩并肩学习，收获却完全不一样。想到此处，丁丁爸的心头若有所思。

那么，碎片化时间到底能够做什么？

"碎片化"时间，是指人们等电梯时、等公交和地铁时、等人时、乘车时、蹲厕所时、睡觉前等一些分散性的时间。这些时间具有三个特点：

一是时间单位较小，以分钟或者刻钟计，如果安排一件大事通常做不完；

二是非常零散，没有规律，不能预先掌握，难以安排系列任务；

三是处在非最佳工作学习环境，比如在闹市、地铁站、洗手间、大马路等，不能营造出一种"我要开始工作"或者"我要写作业"这样的心境。

"碎片化"时间，就是符合上述三个特点的时间，它们短小、琐碎、令人过目即忘，却是实实在在存在的、构成我们每一天的重要组成部分。如果能够把这些时间聚合，加以有效利用，将能产生巨大的效能。

可是，大家通常是怎样利用碎片化时间呢？答案就是——消遣。

现代化生活让消遣变得更加容易。古人觉得烦闷时，至少要出门走走，赏花问柳，访亲探友，但是现代人都有智能手机，这种放在身边随时随地可以进行消遣的物品，所以就形成了这样的生活方式：

等地铁时干什么？刷手机。

上厕所时干什么？刷手机。

等朋友时干什么？刷手机。

闲在家里不知道干什么的时候干什么？还是刷手机。

……

我相信这是绝大多数人的真实写照，而这种随时随地刷手机的习惯，立即就影响到了孩子。

我有一位在政法行业工作的同学徐璐，以前学习非常玩命，近年来迷手机也迷得不要命。有一次约了她一起带孩子出门玩，只要坐下来她就会掏出手机，拼命地刷起来——朋友圈、微博、偷蚂蚁森林能量、看有趣的小视频，手机里的世界足够她一直玩下去。

整整一天，徐璐一直低着头，我都看不到她的下巴。而她那个5岁的儿子，也养成了一坐下来就黏在妈妈身旁的习惯，两只眼睛紧紧地盯着手机屏幕，一脸专注。

近几个月，徐璐开始培养孩子的阅读习惯，她在某公众号订制了价格不菲的"21天阅读养成"课程，教孩子如何成为一个"爱阅读"的人。

一周的课程学下来，徐璐与孩子都身心俱疲，她说："怎么这么难呢？我记得咱们小时候闲下来就会看书，那时候的书没有拼音也没有插图，读起来可费劲了，但也没影响咱们一本本看下去啊。现在的书又漂亮又好读，怎么孩子反而对书本一点感情也没有？"

我想说，孩子不一定对书本没有感情，只是这些感情都被手机无情地抢占了。我们小的时候，闲时消遣除了与小伙伴到处疯跑，再有就是抓起手边的小人书，慢慢地看起来。但是现在，有了手机这种简易的消遣方式，谁还能想到读书呢？就连曾经爱读书的你，不也在过去的一年里未读完一本完整的书吗？

所以，我给徐璐支了一着儿——把那个课程退掉，最好的引导方法就是，让孩子看到你在读书。如果家长能够在一切闲时都拿起书（电子书也可）来阅读，依赖家长的孩子也自然会靠近过来，模仿家长的阅读行为。虽然他一开始会觉得读书不如手机有趣，但是读书之后的成就感会对乐趣进行弥补。

徐璐听从了我的建议（虽然并没有退课程），克制住自己玩手机的欲望，一有闲时就读书。她随着带了一个电子书，坐地铁的时候会掏出来看看，等着汤煮好时也会掏出来看看，吃完饭休息时也掏出来看看。

总之，徐璐就是把一切用来刷手机的时间都用来读书。不出三天，儿子凑来问："妈妈，你看什么呢？我也想看。"于是，一个新款的电子书交到了儿子手上。

移动互联网时代，使"碎片化"时间更容易被忽视——因为空闲被各种消遣填满了。这时候家长要做好榜样，甄别碎片化时间，找出可利用的部分，然后加大孩子的时间储备。

那么，到底怎样来利用碎片化时间呢？我认为，要做好"三步走"。

一、找到你的碎片化时间

这一方面我们就不多说了，通常情况下，家长只要与孩子共同用心，就能找到自己的碎片化时间。如果有些家长和孩子就是找不到，可以使用我们最倡导的"表格法"，制作这么一张表格：

秦长河同学的一天生活记录	
6：45 — 7：00	起床穿衣、洗脸、刷牙
7：00 — 7：15	吃早饭
7：15 — 7：30	等公交车
7：30 — 7：45	坐公交车
7：45 — 8：00	坐公交车
……	……

这是一个非常简单的表格，简单到有些家长都不屑于动手去做。但这个表格在简单的外表下蕴含了重要的意义，细心的家长会发现，这个表格有一个突出特点：时间分解单位非常细。

比如，在7：30 — 8：00这段时间，半个小时内明明都在坐公交车，为什么要拆成两部分呢？用30分钟作为单位不行吗？

不行。以找"碎片化"时间为目的的表格，一定要采用较小的时间单位。这就像渔网，想捕小鱼就得用小网眼的网，大网眼只会让你一网下去什么也捕不到。

如果我们用一小时作为时间单位，那么，刚才表格里的内容就会被简化为：6：45 — 7：45起床准备去上学。这样，根本发现不了哪里有可以利用的碎片化时间。而现在这个以15分钟为单位的表格，可以让我们看到：等公交车的15分钟是可以利用的；坐公交车上有两个15分钟也可以利用。

等到孩子去了学校，完成一天的学习任务，再回到家中娱乐与放松，家长会发现更多的碎片化时间——如果愿意精益求精的话，可以单独拨出一天时间，以 10 分钟为单位计量工作。

我曾在邻居家的小女孩身上试验过这种方法，小女孩气得不行，因为她整整一天都在记录自己做了什么。但她也承认，自己发现了许多平时被忽略的时间。

比如，周六的上午，她有两个家教课程要完成。在上完第一个家教课程等待第二个家教到来时，有 30 分钟的时间她没有利用；在送家教到楼下，自己在上下电梯里的时间也没有得到利用。诸如此类的时间还有很多，如果不记录，就根本不可能被发现。

当然了，找到这些碎片时间后，家长千万不要惊慌，也不要一股脑儿地往这些时间里塞任务。要知道，人毕竟不是机器，不能永远不停地工作。

有些碎片化时间只能用来浪费和放松——比如邻居家女孩坐电梯时，这期间最好不要完成什么学习任务，更不要在电梯里做操、舞蹈什么的，那实在非常危险。这个时间不如好好放空一下脑子，天马行空胡思乱想一番，其实也挺棒的。

二、分解一些可碎片化完成的工作

当我们找到可以利用的碎片化时间后，又会有小朋友问：啊，

这个时间我用来做什么呢？难道真的要蹲在地铁里做数学题，在大马路上背古诗吗？

当然不是。

碎片化时间只是一种主题任务之后的辅助，所以最重要的是"恰当利用"。如上文中提到的嘉嘉，她有效地利用了即将下课前人心涣散的5分钟（相信我，很多孩子都不会利用这5分钟，而且很多家长也会在下班前的5分钟呈现一种无所事事的状态）。

但嘉嘉的聪明之处在于，她不仅知道这5分钟的宝贵，还知道选择最恰当的利用方式——她没有用这5分钟写作文，因为写作文需要灵感、需要情绪，这时候显然不适合；她没有用这5分钟做数学题，因为数学题需要思考很长时间，这5分钟不够用，做到一半就得收工；她没有用这5分钟进行英语背诵，因为环境太嘈杂了，不利于记忆。

所以，嘉嘉的"三不做"就决定了碎片化时间里适于进行学习的特点。主要来说，这应该是一项可以随时中断、不需要灵感与情绪、对工作环境要求不高、对周围人影响不大的任务。

在孩子的学习成长过程中，碎片化时间里有很多这样的任务可以做。从知识学习角度来看，读一篇小寓言，练上十几个字，查一查资料，整理一下书包，都符合上述要求；从才艺等角度来看，心里默默地哼一首曲子，活动一下颈椎，踮起脚尖锻炼腿部肌肉，扎一个马步等，也都可以实现。

如果家长和孩子觉得这些任务"不过瘾"的话，还可以把一个大任务拆解成无数个可以用碎片化时间完成的小任务。举例来说，嘉嘉同学想要背诵《离骚》，但是这篇文章对于嘉嘉来说太长了，怎么办呢？此时可以把《离骚》拆解开来，每天背一小段，而这一小段的背诵就可以通过碎片化的时间来实现。

三、将碎片化工作填补进碎片化时间

在日常生活中，家长都有这样的体会：对于即将要做的重要工作，先要把小准备工作从重要工作里面拆解出来，提前准备，会对整体工作的完成起到非常有益的推进作用。

碎片化时间管理也是如此。当我们锁定了可利用的碎片化时间后，再将想要完成的大任务进行拆解，最后按照"可行性"放入碎片化时间，就能够起到事半功倍的效果。

更重要的是，我们要鼓励孩子形成一个"碎片化时间利用"的观念，即使有一天没有现成的任务可以安排，她（他）也会成为一个优秀的时间管理者，把手头的空闲时间利用好，以达成更好自我的目标。

孩子需要"被盯着"和"看不到"

大人有，小孩没有——这种传统的观念，时至今日仍然盘踞在很多人的心中。

"青蛙无筋，小孩无腰"的说法，曾令小时候的我无比费解，因为我明明长着腰，但当我说腰很疼的时候，为什么大人都会直挺挺地甩过来一句："你小孩子家家的有什么腰。"

有些东西，小孩真的没有吗？有些东西，小孩就真的不需要吗？

我有一位博士后师姐，目前任某大学汉语国际推广研究所要职，工作繁忙，气质出众，还培养出一个优秀的儿子。我时时向她请教到底如何教出这么出色的孩子——这里的出色不仅指成绩，更指情商、责任感、人生观等一系列元素。

师姐被我缠得实在不耐烦，丢给我一句："你把他当成大人看待就行了。"

师姐一直秉承着这种育儿理念——相信孩子是一个独立的个

体，是一个"完全的人"。遇到事情，她总是以平等的态度对待孩子，这种态度体现在两个方面：

一是，日常生活中要注意态度。

绝不对孩子说什么"乖宝宝，吃饭饭"之类的哄孩子式语言，也不会许那种不能兑现的承诺："你吃了这碗饭，咱们就去摘月亮。"已经有多项研究表明，这种"低幼式育儿"对孩子的身心成长都有损伤。

二是，人生大事让孩子参与。

中国式家庭的教育往往接受"这事太严重了，说什么也不能让孩子知道""孩子太小，他承受不了这个"此类的观点，凡事都把孩子瞒得死死的。

实际上，孩子的承受能力比我们想象的要强大很多，有些事应该让他有所参与而不是完全不知。对家庭事务完全不接触的孩子，往往对父母感情淡薄，并对家庭缺乏责任感。

前年，我的两名同事一起外出公务时出了车祸，虽然受的伤算不上十分严重，但也都是伤筋动骨。其中一名同事采取的是"说什么也不能让孩子知道"的模式，让孩子暂时住在爷爷奶奶家里，把消息封锁得一丝不漏；另外一名同事则通过孩子妈妈告诉孩子："你爸爸外出工作出了点意外，腿骨骨折了，现在在医院里接受治疗。"

让孩子接受这个事实。

后来,第一名同事的孩子因为在爷爷奶奶家里生活得不如意,天天大吵大闹,挑吃挑穿,还对爷爷奶奶恶语相加;第二名同事的孩子先是哭了一场,之后帮着妈妈一起照顾爸爸的起居,等到我们去探望同事时,人家孩子都能下楼给大家买水果了。

可见,在某种程度上把孩子当成大人来对待,是教育过程中必要的环节。在孩子面对要处理的事件等各项人生选择时,我们既要把孩子当成孩子——采取具象时间理解法,用耐心慢慢教育他们;也要把孩子当成大人——鼓励他应有自己的想法,让他相信自己可以做好事情。

也正因如此,当孩子进行时间管理时,家长不能采取"一味盯着不放"和"一味放着不管"的极端做法,而应收放自如,既能"盯得到位",也能"故意不看"。

一、培养专注力

什么才需要家长"盯得到位"呢?首推应是专注力。

专注力是影响效率的一大重要因素。一个专心写作业的孩子,一个写作业经常咬手指头、发呆的孩子,两个人的效率绝不相同。

有些家长困惑了:专注力似乎是与生俱来的,后天要如何培养呢?

要想知道专注力是"怎样来的",得先从专注力是"怎样没的"说起。

以我个人经验为例,初中时,我经常被老师表扬为"爱读书的好孩子"。当时我自豪极了,着实飘飘然了一阵子。但说心里话,我内心深处觉得达到该目标并不太难——因为闲聊天和读书这两项活动,对于我来说后者更有趣。

如今我年纪渐长,专注力大不如前,即使是安静地在家读书,也不免经常抄起手机玩一玩,被淘宝的新鲜货品、唯品会的打折促销以及大众点评的美食占据大量精力。这时候对于我来说,玩手机和读书相比,前者更有趣。

由此我们可以看出,**影响专注力的第一要素是"有趣"**。

虽然玩手机有趣,但很耽误事,为了防止自己在读书和写作时被手机"夺了魂魄",我决定把手机放得远远的。乍一看这个方法特别笨拙——手机只是放得远,又不是彻底丢掉,只要想玩还是可以拿过来玩的。

实际上,这个方法好用得不得了。只要我把手机放在其他房间,每次心头涌起想玩手机的冲动时,都需要起身离开椅子,挪动双腿行走到某个房间。

而这些举动,或激发我不想动的惯性,或引起我心头的愧疚之情,从而放弃刚才想要玩手机的冲动。即使我不太懒也心无愧疚,这种距离也在客观上增加了我玩手机的"成本",心中想玩手机的

念头往往就被压了下去。

由此我们可以看出，**影响专注力的第二要素是"客观条件"**。

后来我发现，在家里看书容易走神，在地铁里却不会——这实在是件奇葩的事，因为地铁里明明更嘈杂、更不易投入。

经过几次对比分析，我发现：每天上班我都要坐30分钟以上的地铁，而地铁里的网络信号不给力，在地下隧道通行时经常断网，导致在地铁上只能看书，不能消遣。

这样，时间长了就养成了习惯。更有趣的是，这种习惯一旦养成就很难更改，形成了一种近似于"巴甫洛夫效应"的东西——我一踏进地铁就想读书，即使当天地铁网络信号良好也不想玩手机。

由此我们可以看出，**影响专注力的第三要素是"习惯"**。

现在，我们将目光转移到儿童专注力的培养问题上来。有趣、客观条件及习惯成为塑造专注力不可或缺的部分，作为家长，与其坐在孩子身边死死地盯着他学习，不如进而培养专注力。这种专注力可以使家长成为"千里眼"，不用盯着孩子，孩子也会高效地完成学业。

具体操作起来，还是套用我们经常使用的三步走。

第一步，创造良好的客观条件。

专注力培养的开端，是营造适合培养专注力的环境。把一个还未能形成专注力意识的孩子丢进一个四周都是 LED 屏幕、同时播放着动画片的房间里，孩子不可能安心学习。

所以，家长应该给孩子单独安排一个学习的房间，最好不要在客厅、餐厅等公共空间，应以书房、阳台、卧室这样的私人空间为主。安静、少有人进出、光线合适、安全感强，是学习空间的重要条件。

此外，家长还要对孩子的学习适当配合，不仅不发出过分嘈杂的声音，还要克制自己不做一些诱惑性行为——比如孩子正在背英语单词，而妈妈在烤面包；孩子正在写作文，姐姐却准备出去玩；孩子正在复习数学题，爸爸在给狗狗洗澡等。

当然，也会有家长质疑，这不是限制了大人的生活吗？

并非如此。我们只是在孩子专注力的培养之初配合营造这种环境，做出一些个人牺牲，等到习惯养成之后，家人可以自由活动，只要不产生强烈的干扰就行了。

第二步，培养一定的兴趣。

正如前文所说，我们更容易对"有趣"的东西产生专注力，但是学习任务对于孩子来说，往往不是那么有趣，这可怎么办呢？

其实，家长可以转变思路：学习内容也许不那么有趣，但是学习形式可以很有趣啊！

结合之前我们说的"主动式休息"模式，可以给孩子开一个"专注力赛季"——也就是将这一天的学习时间划分成以 25 分钟或者

30分钟为单位的"比赛",每一轮"比赛"都划定一些学习内容,力求在这段时间内完成。

妮妮小朋友现在要背诵一首唐诗。如果妈妈李简只是把书本甩在妮妮面前,告诉她:"今天背不完就不许出去玩。"这样,估计妮妮会心情郁闷,内心反抗,导致学习效率不高。

如果李简这样告诉妮妮:"妮妮,20分钟背完这首诗好不好?背完了咱们出去玩一会儿。"并事先准备好一个计时器放在旁边。这种带有挑战性的任务将激起妮妮的兴趣,即使妮妮对这首诗不"感冒",也会对这个发出咔嗒咔嗒声音的小计时器充满兴趣。

这就是"专注力赛季"的开端。每赛季可以设定多次任务,任务难度呈递进模式,并将任务的完成情况如实地记录下来。第一次任务的设定不要太难,让孩子有足够的精力完成,引起他的挑战欲和自信心,之后再设置第二轮任务、第三轮任务……

由于每一轮任务都有时间限制,孩子积极应对挑战,无暇顾及其他,专注力自然就能够集中。

第三步,长期坚持,形成习惯。

这一步就相对简单了,当孩子形成这种"集中学习一段时间再休息"的良好学习模式后,去掉计时器也没有关系了,因为无形的计时器已经在孩子心中。

其实,家长愿意对"专注力"问题进阶学习的话,会发现在培养过程中涉及到了一个"界限"问题。小计时器的作用,就是设定了界限——到了某个时间段它就会响起来,意味着时间的终结。

界限是非常有趣的东西,它看不见摸不着,却能产生强大的心理影响力,使孩子自我暗示:"快一点啊,时间快要到了!"从而使孩子不再被周围环境干扰。

以此类推,这种界限的设定可以放置于很多日常事件的处理当中,而不局限于 30 分钟的计时器。例如孩子应该洗校服了,家长与其催促"快一点去洗校服",倒不如告诉孩子:"随便你什么时候洗,但是今晚 9 点之前衣服应该晾起来。"

因为设定了界限,更容易起到推动作用,也更易使孩子从被干扰的因素里解脱出来,投身到新的任务中去。

二、留给孩子足够的空间

除了"盯得到位",家长还要学着"故意不看"。

对于绝大多数家长来说,"故意不看"甚至比"盯得到位"更困难,因为家长全身心都投入于孩子的成长事业中,只要孩子走一点点弯路,都忍不住秒变祥林嫂,不停地唠叨。

可是我们都知道,这样的唠叨并不会起到什么实质作用。

李简发现,妮妮最近总在做一些奇怪的事:她会跑到花园里,

细细筛选，拾一些铺在地上的小白石头，在自家阳台上用锤子将白石头砸成粉末，装进一个小瓶子里。

起初，李简担心妮妮会把它吃下去，就像魏晋时期的名士服用"五石散"那样。但是，妮妮显然没有那么清高的风格，她也知道石头吃下去可能会生病，她只是把石头一点点砸碎，砸得很细，然后满意地收集起来。

这到底是在干什么？儿童的世界，成年人真是不懂。李简也试着问过，妮妮很兴奋地解释了一大堆，李简一句也没有听懂。

李简对此很苦恼，因为妮妮每周都要用一个小时左右的时间来砸这种白石头粉，如果这些时间用在读书、跳舞上，积少成多，应是更有益。李简犹豫着是否阻止孩子的这种行为，让她做更有益的事。

就在这个周五的晚上，李简发现了一件有趣的小事：妮妮兴冲冲地跑到楼下，跟几个同龄的孩子比赛——他们个个都举着玻璃瓶，比较谁的瓶子里收集的石头粉更多，谁的更细更白。

哈，这还能比赛？而且既有量的比较，也有质的比较，李简叹为观止。

得胜了的孩子会非常兴奋，比输了的孩子也不气馁，转头继续找石头，准备回家苦砸，下周反击。

其实，这就是孩子早期的"财富积累"意识。这么小的孩子没有私有资产，即使有，也不是他们自己创造的，无法带来成就感。所以，他们就想出了最直接的积累方式——砸石头粉。

石头是可以到处取用的，但是白石头是需要仔细挑选的；石头粉是可以动手砸出来的，但是想要砸得又快又细，也需要一定的技巧。

这种石头粉让他们建立起成就感，这也是妮妮乐此不疲的原因。

回头看看，几乎每个孩子都做过这种徒劳的游戏。从经济学上来讲，石头粉虽然投入了人力劳动，却没有使用价值，所以不具备真正的价值。但对于孩子来说，徒劳并不意味着不好，他们在这种徒劳的游戏当中锻炼了手、眼与脑，也培养了一种要强、自信与努力拼搏的精神。

纵观人类史，许多科技的发明都是从小游戏中诞生的。作为家长，当发现孩子总在做一些徒劳的事情时，先不要介入，更不要强行阻止，就看看他到底想做什么。如果无伤大雅，不如就让孩子坚持做下去，他也需要自己的空间。

孩子不仅在思想上需要空间，他的身体也需要空间。

最近一段时间，丁丁爸发现，丁丁喜欢把自己"藏起来"：看电视的时候喜欢缩在角落里，业余时间喜欢回自己的房间，即使是坐地铁、坐公交车，也喜欢在角落里待着。

丁丁爸有些担心，是不是孩子过于内向了？

有一天，丁丁爸很不厚道地偷偷趴在门缝往里看，想知道丁丁是不是躲在屋里做什么不好的事情。通过观察发现，丁丁先是看了

一会儿书，又凭空打了一阵拳，对着天花板哼唧哼唧自言自语，然后又坐下来玩了一会儿手指。丁丁爸觉得丁丁做的事并非不能见人，但他为什么要躲起来呢？

晚饭时候，丁丁爸对丁丁的行为做了一些暗示性的表达。丁丁低着头不说话，不知是真的听没懂，还是装作没听懂。但是丁丁奶奶听懂了，她说："啊，这跟你小时候一模一样。"

这话给了丁丁爸很大的触动，原来自己小时候也是这样。虽然没有独立的房间，但他对柴房里那张小板凳情有独钟，没事的时候就喜欢坐在那里，望着天花板上的蜘蛛网发呆。后来柴房没有了，他又喜欢上房顶，那里空间开阔，极少有人上来，有时候他可以单独坐上一整天。

是自己的空间。

这么一想，丁丁爸就释然了，他发现丁丁并没有什么心理上的问题，只是经历了少年应该经历的一种心境。人在年少时，并不像家长想的那么活泼好动，有时候他需要的是自己的一点点空间。

不是所有的家长都能像丁丁爸一样顿悟。很多家长在教育孩子的过程中，尤其是培养孩子建立时间管理技能体系时，容易急功近利，紧逼急盯，要求孩子总在自己的视线里。遇有孩子刻意躲避时，就怀疑孩子在做什么不好的事情、交往了不良的朋友等，然后针锋相对，家庭矛盾被激化。

我们虽然要求孩子有效地管理时间，却不是让孩子分秒必争。

一个永远都停不下来的人，是不可能拥有伟大的灵魂的；一个永远都在父母视线下生活没有自己空间的孩子，也是不可能建立起健全的人格。

所以，我们每个人都应该重视自己内心的声音，同时尊重他人的空间。

无论是家长还是孩子，不必每时每刻黏在一起形影不离。在教会孩子成为一个高效、有条理的优秀人才时，还要注意他首先是一个"人"，需要"人"所必需的缓冲空间。只有这样，才能让我们每一天的教育工作达到真正树人之目的。

在鼓励中巩固时间管理法

技巧，是指推进工作时的重要手段，但要想成功做好一件事，手段之外还需要智慧和理念。在本书的最后一章节，我们要讲的就是两条非常重要的补充性理念——它们的存在，可以使之前的所有技巧使用起来更加游刃有余。

一、相信习惯的力量

从小到大，我们都在努力培养良好的习惯，无论这个习惯是否能够贯穿生命始终，每个人都将在培养习惯的过程中或多或少受益。对于正在进行时间管理的孩子来说，习惯更是强有力的帮手，正所谓"训子千遍，不如培养一个习惯"。

李简准备给女儿妮妮培养一个良好的习惯——每天睡前做柔软

体操。这项每天仅需 5 分钟的习惯，带给李简近 50 天的折磨，不过在一次次的失败与复拾之后，李简终于找到了培养孩子良好习惯的方法。

1. 你的孩子能坚持吗

所有人都知道，习惯源自于坚持，但世间万事最难的也在于坚持。现在我问大家："什么是坚持？"我估计绝大多数人会支吾一会儿，然后说："坚持，就是一直做一直做吧。"

没错，坚持需要的就是一直做，而"一直"的概念在于：无条件持续，遇到任何情况也不能中断。

在帮助妮妮培养习惯之初，李简就误会了坚持的意义，认为只要能够达到 80% 的"一直"就可以了。

周一	妮妮很高兴地做了柔软体操，表示一点儿也不难
周二	妮妮说昨天的运动有点儿多了，今天的腿酸痛，哭着不想做，于是暂停一天
周三	妮妮在妈妈的要求下继续做操，但动作有点缩水
周四	妮妮继续坚持
周五	妮妮春游归来，实在很累，洗完澡趴在床上就睡了，李简也不舍得把孩子叫起来
周六	妮妮很惭愧昨天没有做操，于是今晚做了两套
周日	妮妮继续坚持

从这个时间表来看,妮妮"坚持"得很不错,大多数情况下都进行了运动,仅有的两次不坚持也"情有可原"——毕竟孩子的身体条件不允许,而且事后还补做了一套。所以,这就是"坚持"了,对不对?

如果你觉得对,那就很难养成良好的习惯了。

实际上,李简和妮妮正在重复养成习惯最易犯的两条错误:

A. 有条件即执行,无条件即放弃。

B. 轻易改变任务量。

如果想要养成一种习惯,初期必须做到"言必行,行必果"。也就是,除非发生实在不能克服的身体原因,其他条件下都要坚持做操,而且要认真做操,动作不能缩水。即使是中途因为特殊原因减少了一次任务,也不能事后补上。

这时候,就会有家长问了:"你说的第一条我很理解,确实不能轻易中断任务,这非常有道理。但是,为什么不能事后补上所缺的任务呢?"

因为,这是一种"退路"心理。

在教育孩子的过程中,家长一定要警惕这种心理,即早早给孩子找到可以退避的道路,给孩子以"即使你没有做好也没关系,反正咱们可以通过……来弥补"。这种心态诚然可以减轻孩子的精神压力,但也会大大削弱他的动力。

例如,有个别家长会在孩子高考之前说:"没事,孩子,放心考吧，考不好也没关系，咱家有三套房，租金够你吃一辈子的了！"被灌输了这种思想的孩子，往往会发挥得不如以往。再比如很多艺术生的家长说："你就试试呗，实在不行咱们再去做别的。"孩子有了这种心态就难以激发潜能，总在构思"做别的"的生活。

所以，如果让妮妮早早地建立起"如果今晚没有做操，那我明天补上也没有什么不对"的想法，就会轻易地放弃当天晚上的运动，以第二天加倍运动作为弥补。

实际上，我们都知道，第二天运动两次和分两天各运动一次，其效果是完全不同的。而且任务积压会导致拖延，今天的任务拖到明天，明天有事又没有做完，那么带着昨天的任务一起拖到后天。等到后天需要做三次运动，估计完不成，干脆就放弃了。

很多好习惯就是这样中断的。

一个月之后，妮妮的习惯仍未养成，李简尝到了这两种"习惯克星"的苦果。这时候，李简开始改变态度，要求妮妮无论如何都要坚持每天做操。

妮妮当然反抗了一阵子，但还是被李简说服，每天风雨无阻地进行练习。大约在两个月以后，每天睡前妮妮都会自觉地进行运动，因为她说："不运动有点睡不着。"

2. 你的孩子看到效果了吗

李简发现，妮妮对柔软体操的态度在35天左右形成了一个大转变，而这个转变来自于妮妮身体的一系列反应。

起初，妮妮对柔软体操不是很有兴趣，这么小的女孩子，并不觉得做柔软体操很美，觉得还不如到泥水里滚一滚更舒服。但是，大约在第35天时，妮妮发现了一个很惊喜的现象：在做位体前屈时，她可以把双手合拢后触到自己的双脚。

李简及先生都是柔韧性较差的人，尤其是做位体前屈，从小到大都没有合格过。基因的强大力量，使妮妮的身体也"硬"于其他女孩，这也是李简希望妮妮能够坚持练习柔韧性的原因。

当妮妮发现这35天的练习让她可以做到这样高难度的动作后，她对这些运动产生了强烈的兴趣，每天都怀着期望，怀着信心，也怀着憧憬进行练习。

每个人都有惰性，如果想要一直坚持某种并不愉快的习惯，需要一些奖励与安慰。这种奖励可以来自于他人——比如在妮妮坚持了一个月之后，李简买了一条漂亮的裙子作为奖励；但更重要的奖励应是来源于自身——当妮妮看到习惯的成果在身体上呈现时，这种喜悦是任何奖励都不能替代的。

3. 你的孩子能自我督促吗

正如上文所说，妮妮坚持练习柔软体操的巨大动力来源于身体的变化，同时还有一种肉体上的习惯性——如果不做体操就睡不着。这时候，就会有家长问："如果我的孩子所培养的并不是这种身体习惯，也不会出现'不做运动就睡不着'的情况，那要怎样鼓励他坚持下去呢？"

家长的一味紧盯不是培养习惯的好方法，重要的是孩子的自我督促。所以在培养习惯之初，家长不能以"从今天开始，你一定要给我做好某某事"为开端，因为这样，孩子会把培养习惯当成一种不愉快的任务，只要家长稍微放松，就立即终止。

这时候，大家应该学学李简的方式。

李简坐下来，认真地与妮妮交流了柔韧性的问题，并告诉她："如果你是一个柔韧性特别好的姑娘，将来你可以去跳舞，像小天鹅一样美丽。而且，就算你不跳舞，好的柔韧性也会让你变美，走路、跑步都比别人好看。"

为了印证自己的观点，李简给妮妮看了许多古典舞的视频，还带妮妮去艺术学院参观了一圈，看到了许多气质出众的舞蹈艺术生。虽然妮妮不能够完全领悟这种美，但是她已在内心深处形成了一种习惯的目的性，有了一种原始想法："如果我坚持做了，将来我也会变成这个样子。"

可能有家长会说，这样的教育方式会让孩子显得功利。诚然如此，但是适当的功利在教育当中是必要的。孩子的本性非常天真，你不能寄希望于他为一件看不到希望的事情每天付出努力，适当的"好处""用处""让别人羡慕的成就"是培养习惯的良好动力。

当孩子形成这种动力后，即使家长不再监督，孩子也会有一种"我得继续做，因为这个习惯很好，做完了之后我就会……"的朴素想法，从而形成了自我督促，最后达成良好习惯的养成。

总结起来，培养一个好的习惯需要坚持三个原因：

一是不间断、不变更原则。 既不变更任务频率，也不变更任务量，让每一天的习惯都具有"必须完成"的神圣性；

二是可视效果原则。 设定的目标不要过高，让孩子在培养习惯的初期就能看到显著的效果，从而增强继续推进任务的自信心；

三是适当功利原则。 在习惯养成前期和中期进行深度教育，使孩子明确该项习惯的目的和意义，从而达成自我督促、根深蒂固的作用。

二、学会"倒推时间法"

德国著名哲学家马丁·海德格尔在其名著《存在与时间》里，提出了一个著名的论断——向死而生。这是一种生命意义上的倒计时法，即是说，每个人从一出生就在不断走向死亡的边缘，我们过的每一小时、每一天、每一年，甚至每一分钟都是走向死的过程。

这个观点提出之后，很多人的人生观为此刷新，进而追求更加有意义的生活。但还有一些人茫然不解，并提出问题："这也叫理论？人本来就是要死的，这我是知道的，这个理论的意义何在呢？"

我们可以这样看待"向死而生"的理念——虽然人人都不免一死，但是大多数人潜意识里把生命当成一条线段，以出生那一时刻为端点，然后不停向前，因为不知道终点在哪里，所以走到哪儿就算哪儿。但是"向死而生"理念提出后，在生与死两端各设了一个端点，人只在这条线段上移动。因为有了死亡作为终于限制，所以在时间的利用上、在对世界的态度上，都会有很大的不同。

向死而生，是生命的倒计时法，因为加入了"倒推"的理念，就给思想界带来了巨大的震动。同样，在我们的时间管理法中也要加入"倒推"理念，这个理念将使之前混乱的时间安排大大改观。

朋友家的侄子麦麦，读者对他已经不陌生了，在之前的表格制作中，他表现出一个孩子非常天真可爱的特质。但是，麦麦并非没有缺点，他有拖延的毛病，相信每个孩子都曾用这个毛病折磨过自己的爸爸妈妈。

麦麦的电子琴学习面临考级问题，每一天他都生活在"不弹琴就不能睡觉"的痛苦里。但更痛苦的是麦麦的爸妈，虽然麦麦坐在电子琴前却经常困得打瞌睡，进度一直缓慢，老师多次表示：如果这样下去，考级前无法练完所有的曲目。

这可怎么办呢？

因为我曾考取过电子琴十级，也算是一个"苦过来"的经验者，所以，朋友就把我叫来跟麦麦进行一次长谈。麦麦说："我每天都在弹，其实我很累。老师真的有病，这么多曲子我根本练不完！"

"那你知道自己都要练哪些曲子吗？"我问。

"知道啊，两首大曲，一首钢琴曲，一个音阶练习，还有即兴演奏。"麦麦随口就来。

"那你现在进展到哪一步了？"

"两首大曲还没有练完呢。"

"那就是说，音阶练习和钢琴曲都还没有学？即兴演奏也没有练习？"我吃惊地问。

"是啊，老师说我要把两首大曲练好了再学其他的，大曲才是重点。"

我一下子找到了问题所在——虽然人人都知道考级前任务繁重，却没有把握好每一阶段所需要的时间，单纯地以"完成任务一之后，再推进任务二"的单向模式安排任务。你看，当麦麦在"任务一"卡住的时候，整个任务的推进就非常困难了。

我找到了麦麦的老师，谈了一些关于时间利用方面的想法。麦麦的老师非常认同，立即重新布置了考级前的学习任务，采用的思路就是"倒推法"——即以考级当天为时间节点，倒推之前的所有任务。

这样一来，麦麦就不能无限制地卡在两首大曲上了，他需要在一周之内完成大曲的练习，然后在接下来的一周内熟练地完成钢琴曲演奏。对此，麦麦感觉压力很大，但也能全盘接受，因为他发现：如果以考级为节点，这个时间就是必要的，只有这么做才能完成任务。

倒推法其实非常简单，说穿了之后，人人都会。但它做起来又非常困难，因为它强调的是一种思维模式。以周末的休闲时光为例：

鹏鹏一家想要去逛公园。全家人都知道今天的安排，但从早晨开始就处于散漫状态，先是集体赖床到很晚，后来吃早饭又吃得很慢。饭后大家有点犯困，于是都歪倒在沙发上玩手机，鹏鹏妈干脆抱着枕头又睡了一觉。

睡醒之后，大家再次强调要去公园了，鹏鹏妈开始给儿子找衣服，一件件地试穿，不合适地换下来，发现掉扣子的衣服就随手缝补……等鹏鹏妈做完这些事，发现都过了中午，又开始准备午饭。这样一来，到了下午，全家都还没有出发——虽然大家都知道要去公园。

这样的周末模式，我相信每个家庭都不陌生。当我们没有使用倒推法设定时间节点时，人就容易在闲散中无限度地拖延。

改变这种状态的方法也很简单：

鹏鹏爸说："今天我们要去公园，因为公园离咱家不算近，所以咱们10点钟必须出发。"

鹏鹏妈随即想到，如果10点出发，那么9点就应该吃早饭。从而进一步想到，应该在8点左右做早饭。

而鹏鹏也想到，如果9点要开饭，那我8点半就要起床了。

这就是思维模式的力量——倒推法虽然简单，但不见得人人都会将其贯彻于生活的每个细节。我们这节所要强调的就是，千万不要忽视倒推法的作用，一定要让孩子学会用倒推法来处理问题。

倒推法的好处不只在于提高学习和做事效率，还在于鼓励孩

子的自主能动性。

现在很多家庭为了照顾孩子的写作业情绪，不敢在周末安排任何外出活动。正如同事花姐所说："如果我和老公周六出去玩，那孩子就吵着也要去，不肯写作业了。如果我们真的带孩子出去玩，孩子肯定写不完作业，他周日还要上补习班呢。"

真的要为孩子而牺牲掉家长的个人生活吗？

我认为没有必要，如果让孩子学会倒推法，很多问题都能够迎刃而解。比如说，周六花姐要安排外出，儿子吵着要去。那么，花姐应该给孩子培养这样的思维：可以带你去，但如果我们周六上午10点出发，晚上8点回来，你的作业怎么办？

"我可以写啊！"孩子肯定这么说。这样，家长应该进一步诱导，如果周六上午10点以后要出去玩了，作业什么时候写呢？

孩子可能会想到周五晚上努力写完，或者周六早晨早起写完，还有少数孩子会拖到周六晚上8点以后写。如果孩子有了这个倾向，建议家长把回家的时间延后，假装不会有更多的晚上时间用来写作业。

很多孩子都是在这种"想要出去玩，就要在出发的节点之前倒推任务"的模式下，研发出了自己的时间观念。

章后语

综上所述，我们通过本书教会了孩子如何具象地认识时间，如何正确客观地对待时间，同时以一系列的任务清单法、表格归纳法等技巧处理了看似玄妙的时间问题。

在这个过程中，家长要积极配合，做好孩子的时间榜样，并在鼓励、帮助当中灌输多种时间管理的健康思维，这就是时间管理的要义。

看似简单，却又复杂。

看似平直，却又深刻。

看似枯燥，实则在管理时间的过程中，每个人都能够兴趣无穷。

附：时间管理小例

这是一些名人的时间管理小例，细心的家长会发现，他们的时间管理方法与我们传授给孩子的其实脉络相通。世间大道往往如此，万变不离其宗。

1. 单位越小，时间越多

比尔·盖茨始终倡导这种生活理念："每一秒都不能浪费，以5分钟为单位安排工作。"

据调查，比尔·盖茨非常善于利用时间，尤其擅长用行程表约束自己的行为，节省时间，提升效率。不过，比尔·盖茨的行程表很特殊——不是以小时为单位，而是以5分钟为单位。

这样的划分看似烦琐，却能把一天可利用的时间分割得分外细致，一点儿时间都不会浪费。如果某天工作、会议或会见客人的时间少于5分钟，他甚至会以秒为单位安排自己的行程表。

可见，在比尔·盖茨眼里，每5分钟都是值得利用的时间段，绝不会轻易浪费。

小宝的榜样学习行动:

在现有时间表的基础上,制定一份时间单位更小的任务安排表格——即以更小单位的时间分割每天的学习任务,看看是不是能够找出更多被忽视的可利用时间。

不过,对于一份时间表来说,并非时间单位越小越好。因为孩子的日常任务并没有比尔·盖茨那么繁忙,也没必要因过于琐碎的记录而浪费宝贵的时间。

此次榜样学习行动,旨在通过多次有益的尝试,最终在60分钟、30分钟、15分钟、10分钟、5分钟等时间当中选取最适合孩子学习的时间单位。

2. 截取片段生活,找到时间利用的盲区

李开复是信息产业的代表人物之一,他在时间利用方面很有一套。

据说,李开复为了提高自己的时间利用效率,经常挑一天或者一周作为时间管理的测试样本,详细记录下自己每一时间段的具体工作,再回头检视,查找自己在时间利用上的盲区。通过这样的记录,他可以随时调整行程计划,将时间利用最大化。

小宝的榜样学习行动：

准备小本子，挑一个星期的时间，记录下每天所做的事情——不仅记录正事，也记录琐事。记录结束后，全家人查看时间表，找出哪天的时间利用得较好，哪天的时间利用得不足，分析相关原因，查找浪费时间的最大问题，从而进一步调整自己的行动计划。

此外，还可以将周记录表格收集起来，每年度进行回顾。

此次榜样学习行动，旨在使孩子对过往的时间利用进程有所反思，也体会到个人能力的提升。

3.做错了？那就别想了

曾国藩是我国近代政治家、战略家、理学家、文学家，也是湘军的创立者和统帅。一个身负数任的人，又是如何利用时间的呢？

虽然相关的资料不多，但在《曾胡治兵语录》里，曾国藩的这句话能让我们看到他对时间的态度："未来不迎，当时不杂，过往不恋。"

这句话的意思就是：未来将要发生的事情，我根本不迎上去想它，因为我无法预见，想也没有用；当下正在做的事情，我不能让它杂乱，因为这是我最重要的工作，需要做什么就必须专心做什么；如果这件事情已经过去了，我也不会留恋它，因为无论好坏我都已经不能改变了。

曾国藩的这段话告诉我们，时间无法回头，过去的终将过去，不把时间浪费在对过去的追忆和对未来的胡思乱想中，这也是时间管理的智慧之一。

小宝的榜样学习行动：

家长鼓励孩子找出一件特别后悔的事，全家人一起坐下来深入剖析这件事，找到根本原因，然后告诉孩子：现在这件事给你提供了经验教训，它的价值已经结束了，以后你再怎么想也没有用了。

再找一件孩子特别担忧将来会发生的事情，家长陪孩子坐下来预测该事件的发展，然后告诉孩子：现在我们能做到的只有这些了，至于事情会怎样发展不是我们能够决定的，再想也没有什么用。

此次榜样学习行动，旨在解决某些孩子犹豫不决的问题，帮助他建立起对过往事件和未来事件正确的人生观，避免因回忆、后悔、无谓担忧而浪费大量时间。

4. 只做最重要的事情，要做就做到最好

伯利恒钢铁公司总裁舒瓦普认为自己的公司不尽如人意，希望效率专家艾维能够出谋划策，将钢铁公司管理得更好。

在提出效率管理要求时，舒瓦普特别强调，自己不想要更多知识，而想要更多行动。他说："现在我很清楚应该做什么，如果你能告诉我如何更好地执行计划，我就听你的，而且在合理的范围内，这次咨询的价钱由你定。"

面对这样的苛刻要求，艾维并没有犯难，他思考了一下，递来

一张白纸,请舒瓦普在这张纸上写下明天要做的六件重要的事。舒瓦普斟酌之后,慎重地写好了。

"现在用数字标明每件事对于你和公司的重要性的次序。"艾维说。

舒瓦普照着做了。

"现在把纸放进口袋,明天早上拿出来做第一件事。不要管其他的,着手做第一件事,直至完成为止;然后用同样的方法对待第二件、第三件……直到你下班为止。如果你只做完第一件事,不要失望,因为你是在做最重要的事情,一切都值得!"艾维说。

艾维的要求如此简单,以至于舒瓦普觉得不可思议。艾维显然看出了这种不信任,他笑笑说:"请每一天都要这样做,等到你对该方法的价值深信不疑后,就叫全公司的人都这样做。如果这个方法带来了价值,请给我寄支票,你觉得这次咨询费用值多少就给我开多少。"

几个星期后,艾维就收到了舒瓦普寄去的支票,上面写着2.5万美元。与支票同寄的还有一封信,舒瓦普在信上说:从钱的观点看,那是他一生中最有价值的一堂课。

小宝的榜样学习行动:

建议孩子按照艾维所述的方法,将一天当中最重要的事件记录下来,然后按照重要性进行排序,依次单个进行。试行两周之后,比较之前的效率,找出这种方法的价值,进而培养自己的时间管理习惯。

时间管理，说到底是精力的管理——这是我们始终强调的。由于人的精力有限，所以想要提升效率时，最好的办法往往是先做重要的事，一心一意，莫想其他。此次榜样学习行动，就是为了使孩子正视这一点，做一个着眼当下的人。

5. 因为不愉快，所以不拖延

美国心理学之父威廉·詹姆斯对时间行为学颇有研究，他认为对待时间有两种态度。第一种是：这件工作必须完成，但它实在讨厌，所以我能拖便尽量拖；第二种是：这实在不是一件令人愉快的工作，但它必须完成，所以我最好马上动手，以便自己能够尽早地摆脱它。

显然，后者比前者更加积极，效率也更高。因为事情虽然难做、不高兴做，但是有了要摆脱它的动机，则不会拖延。

小宝的榜样学习行动：

让孩子明确这一点：如果你把不想做的功课放在那里不做，那么，你将一直因为它而不快乐。为了避免拖延的功课使你心情低落并影响其他学习任务，不妨试一试"优先打怪法"——也就是把最不想做的任务放在最前面来做。

一开始会有点难，但是时间长了就会发现：因为先完成的功课是最难、最讨厌的，所以做完这项功课后，其他的任务就显得更容

易了，心情不由自主地好起来，学习效率也提高了。

为了辅助完成效果，可以配合做一个"打怪表"——把每天做的"最不喜欢做的功课"记录在这个表里，完成之后划掉，增加成就感。

此次榜样学习行动，旨在帮助孩子克服掉拖延症的坏习惯，对于成年人来说，同样有效。

6. 良好的沟通，是节约时间的开始

小米创始人雷军可谓是一个大忙人，据说他每天有55%的时间都在工作。但即使是这样，雷军也愿意为一件事付出很多时间，那就是沟通。

雷军曾在工作非常繁忙时，特地抽出时间前往杭州，与马云同聊3个小时，研究职场之道和经济形势。因为在雷军看来，是否浪费时间并不取决于花费时间的长短，而在于所用之处是否值得。

小宝的榜样学习行动：

鼓励孩子在时间表里安排一个"沟通"环节，即每周至少应与他人进行一次健康、有效的沟通，可以是授课的老师，可以是作为榜样的同学，可以是街头遇到的外国友人，也可以是能够传授人生哲理的父母。要让孩子知道，沟通并不是浪费时间，良好的沟通是成功的关键。